Einfach gut organisieren

Gitte Härter / Christine Öttl

Einfach gut organisieren

So arbeiten Selbstständige und Kleinunternehmer effektiver

jobs ▪ business ▪ future
www.jobs-business-future.de
Bildung und Wissen Verlag

Impressum

Bibliographische Information Der Deutschen Bibliothek:
Die Deutsche Bibliothek verzeichnet diese Publikation in der Deutschen Nationalbibliographie; detaillierte bibliographische Daten sind im Internet über http://dnb.ddb.de abrufbar.

BW Bildung und Wissen
Verlag und Software GmbH
Südwestpark 82
90449 Nürnberg

Tel. 0911 / 9676-175
Fax 0911 / 9676-189
E-Mail: serviceteam@bwverlag.de
http://www.bwverlag.de

Umschlaggestaltung und Layout: Karin Lang, Nürnberg
Satz: Rolf Wolle, Fürth
Druck: Triltsch Print und Digitale Medien GmbH, Ochsenfurt-Hohestadt

Überarbeitete Neuauflage des 2001 im mvg-Verlag veröffentlichten Titels „Perfekte Organisation im Kleinbetrieb"

ISBN: 3-8214-7648-6

Einleitung

Planung, Struktur, Organisation und erst recht Disziplin sind Begriffe, die für viele einen sehr negativen Beigeschmack haben. Assoziationen wie Korsett, Unflexibilität und Unbeweglichkeit, Zwang und Enge, Mangel an kreativen Freiräumen und Dynamik, kurz das genaue Gegenteil all dessen, was heute angesagt ist, sind weit verbreitet. Natürlich gibt es auch diese Spielart von Organisation. Doch richtig eingesetzt und auf die eigenen Bedürfnisse abgestimmt, erleichtern Ihnen Struktur und Planung das (Berufs-)Leben! Eine gute und sinnvolle Organisation hilft Ihnen, Überblick und Durchblick zu bewahren und Ihre Aufgaben sowie die Zeit im Griff zu behalten, um professionell, effizient und souverän zu arbeiten.

Durch eine sinnvolle Organisation können Sie Folgendes erreichen:

- Sie gehen ökonomischer mit der Zeit um, die Ihnen zur Verfügung steht, und sind produktiver.
- Sie gewinnen Freiräume, die – wenn Sie sie in Ihrem Sinne und nach Ihrem Geschmack nutzen – Ihre Lebensqualität deutlich erhöhen.
- Sie haben weniger Stress und Hektik, weil Sie den Überblick wahren und deshalb nicht so leicht überrollt und überfordert werden können.
- Sie können Ihre Arbeitsabläufe viel besser steuern, die notwendigen Ressourcen vorausschauend planen und rechtzeitig sinnvolle Entscheidungen treffen.
- Sie können Unvorhergesehenes viel besser abpuffern und bewältigen, indem Sie es in die vorhandene Struktur einbauen, als wenn Sie permanent „hinterherhinken“.

- Sie sind professionell und souverän, was Ihre Kunden sehr wohl bemerken und zu schätzen wissen.
- Sie sind zuverlässig, weil Sie sich und Ihre Kapazitäten realistisch einschätzen und keine Versprechungen machen, die Sie dann nicht halten können.
- Sie bringen Kontinuität und Ruhe in Ihre Geschäftsabläufe, was gut ist für Kunden und auch für potenzielle zukünftige Mitarbeiter.
- Sie tun sich leichter, Beruf und Privatleben in Balance zu bringen und zu halten.
- Eine gute Organisation verbessert Ihre Ergebnisse im Verhältnis zum Aufwand.

Dieses Buch soll Ihnen dabei helfen, Klarheit und Struktur in Ihren Arbeitsalltag zu bringen und auf die so wichtigen Details zu achten. Damit Sie mit weniger Aufwand mehr erreichen können.

Christine Öttl und Gitte Härter
E-Mail: objektiv@selbstmarketing.de

Selbst- und Zeitmanagement

Grenzen und Prioritäten setzen

Die Arbeit tendiert dazu, sich auszubreiten und sich so viel Raum zu nehmen, wie man ihr lässt. Soweit das Parkinson'sche Gesetz. Und bestimmt haben Sie das bei anderen oder bei sich selbst beobachtet: Je mehr Zeit Sie für eine bestimmte Tätigkeit haben, umso länger brauchen Sie auch dafür. Und je weniger Grenzen Sie setzen, umso mehr dehnt sich beispielsweise die Arbeit in den Privatbereich aus. Irgendwann könnten Sie rund um die Uhr arbeiten und dennoch das Gefühl haben, noch lange nicht alles zu schaffen. Schließlich geht einem die Arbeit nie aus.

Aktiv Grenzen setzen

Der Begriff „Grenzen" ist in erster Linie negativ besetzt: Viele Menschen verbinden damit sofort und ausschließlich Einengung, Begrenzung, Starrheit, Blockierung der eigenen Möglichkeiten. Doch das ist nur eine Seite der Medaille. Die andere Seite ist, dass wir Grenzen brauchen, um überhaupt aktiv werden und effizient sein zu können. Wenn wir uns nicht auf eine Sache konzentrieren – und gleichzeitig andere Dinge außen vor lassen, also aktiv eine Grenze ziehen –, werden wir kaum etwas zu Ende bringen und etwas wirklich Gutes auf die Beine stellen können. Wer sich zu viel zumutet und keine gesunden Grenzen kennt, lebt schnell über seine Möglichkeiten und bringt bald nicht mehr viel zustande. Er kommt sehr schnell in den negativen Kreislauf von Überforderung, Fehlern, schlechter Qualität und Unlust.

Außerdem schraubt sich die eigene Stress- und Belastungsgrenze immer weiter nach oben, und durch den Gewöhnungseffekt verliert man irgendwann das Gefühl dafür, wann es einfach zu viel ist. Wer nach extremen Stresszeiten und viel zu viel Arbeit wieder auf ein normales Pensum herunterfährt, fühlt sich nicht selten wie ein fauler Langweiler und läuft Gefahr, sich weiterhin zu viel zuzumuten.

! Die Einstellung, dass man immer alles und das möglichst sofort machen muss, ist auf die Dauer äußerst anstrengend. Dauerstress und -hektik, permanente Belastungen und „Funktionieren“ führen zu körperlicher und psychischer Anspannung, Demotivation, Ausgebranntsein und nicht selten zu Zusammenbrüchen. Tun Sie sich das nicht an! Die gesündere und langfristig vielversprechendere Einstellung ist: Mir ist klar, dass ich nicht alles machen kann. Ich entscheide mich bewusst und überlegt dafür, bestimmte Dinge zu machen und andere nicht. Ich ziehe selbstbestimmt und verantwortungsvoll meine Grenzen.

Grenzen setzen am Beispiel Fachliteratur lesen

Viele Menschen, ganz besonders in technischen Berufen, sehen sich einer Flut von Fachliteratur ausgesetzt, die sogar ständig zunimmt. Einige versuchen, sich Schnell-Lesetechniken anzueignen, um mithalten zu können und sich permanent und umfassend auf dem Laufenden zu halten. Doch das Grundproblem scheint weniger das Lesetempo an sich zu sein als vielmehr das Sich-Zeit-Nehmen prinzipiell. Eine sehr weit verbreitete Strategie besteht darin, die Zeitschriften und Bücher aufgrund akuten Zeitmangels irgendwo zu horten, bis irgendwann mal etwas Zeit dafür übrig ist. Vor allem, wenn das Tagesgeschäft boomt und viel zu tun ist, ist die Verlockung groß, diese Tätigkeit aufzuschieben.

Doch diese Taktik ist gefährlich, denn

- Sie verschieben etwas, was im Moment zwar nicht dringend ist und nicht unbedingt sofort erledigt werden muss, aber von fundamentaler Bedeutung für Ihre weitere berufliche Zukunft und für Ihre Professionalität ist.

- Sie verpassen unter Umständen tatsächlich Informationen, die für Sie extrem wichtig und interessant gewesen wären.

- Sie belasten sich selbst mit einem schlechten Gewissen, das proportional zum wachsenden Stapel „bei Gelegenheit“ durchzuarbeitender Unterlagen größer und größer wird.

Auf ganzer Linie sinnvoller und effektiver ist es, sich mit dem Thema Fachliteratur auseinander zu setzen, realistisch zu bleiben, bewusst Grenzen zu ziehen und Wege zu finden, um das wirklich Wichtige regelmäßig zu erledigen.

Hier ein Vorschlag, wie Sie vorgehen können:

1. Klären Sie, wie wichtig regelmäßige Fortbildung für Sie ist
Was haben Sie davon, wenn Sie sich auf dem Laufenden halten? Was passiert, wenn Sie es nicht tun? Wenn Sie für sich herausfinden, dass permanentes Up-to-date-Sein für Sie äußerst wichtig ist, dann gehört es in die Kategorie der wichtigen Dinge, die Sie auf keinen Fall dem Zufall überlassen, sondern einplanen und konsequent verfolgen sollten.

2. Beschränken Sie sich auf das Wesentliche
Vergessen Sie nicht, dass Sie niemals alles lesen können, was vielleicht in irgendeiner Weise für Sie interessant sein könnte. Ein derartiger Vorsatz ist schlicht und einfach nicht zu realisieren: von niemandem. Viel besser ist es, sich zu beschränken und das tatsächlich Wichtige auch wirklich zu tun. Also: Welche Zeitschriften oder Newsletter sind wirklich wichtig für Sie? Wo gibt es die meisten Informationen, die tatsächlich relevant für Sie sind und die Sie auf keinen Fall verpassen sollten? Bestellen Sie alles ab, was nicht essenziell ist und was Sie sowieso nicht schaffen können. Warum sollten Sie sich mit etwas belasten, das Ihnen letztendlich nicht wirklich etwas bringt?

> **!** Wenn Sie zu dem Schluss kommen, dass Sie auch die reduzierte Menge an Fachliteratur nicht regelmäßig bewältigen können, suchen Sie sich Kooperationspartner. Vielleicht haben Sie Verwandte oder Bekannte, die in derselben Branche arbeiten und sich mit derselben Problematik konfrontiert sehen. Teilen Sie sich die Arbeit auf und treffen Sie sich regelmäßig, um sich auszutauschen. Artikel, die für alle wichtig sind, können Sie kopieren und verteilen. So können alle nur profitieren. Oder lassen Sie die Literatur von jemandem sichten und speziell nach den Themen durchforsten, an denen Sie interessiert sind. Sie müssen nicht immer alles in Eigenregie machen.

3. Sortieren Sie vor
Nichts ist schlimmer und abschreckender als Stapel unerledigter Dinge. Um zu verhindern, dass sich Artikel und Zeitschriften bis zu Ihrem nächsten Studiertermin stapeln, können Sie vorsortieren und Ordnung in das Ganze bringen.

4. Reservieren Sie sich Zeit für das Lesen
Alle bisherigen Schritte bringen nur wenig für Ihre tatsächliche Situation und Ihren Wissensstand, wenn Sie sich nicht hinsetzen und sich aktiv der Lektüre widmen – unabhängig davon, wie schnell oder wie langsam Sie lesen. Legen Sie fest, wie viel Zeit Sie mit Lektüre und Studium verbringen wollen: Ist es eine Stunde pro Tag oder reichen zwei Stunden pro Woche? Und dann reservieren Sie sich ganz bewusst den nötigen Zeitraum dafür: Tragen Sie „Fachliteratur lesen“ als festen Termin in Ihren Kalender oder Ihr Zeitplaninstrument ein und respektieren Sie ihn genau so wie einen Kundentermin! Machen Sie sich das Leben leichter und achten Sie darauf, wann Ihnen diese Tätigkeit am besten in den Kram passt und wo. Wenn Sie die Arbeitswoche damit ausklingen lassen und den späten Freitagnachmittag lesend im Café oder am See verbringen wollen, weil Sie so am besten Neuheiten aufnehmen und verarbeiten können, dann tun Sie das!

Die richtigen Prioritäten setzen

Von Prioritäten und wie wichtig sie sind, ist immer wieder die Rede. Man macht eine Liste der anfallenden Tätigkeiten und ordnet sie nach Prioritäten – beispielsweise indem man sie mit den Buchstaben A bis C versieht (ABC-Analyse) oder mit unterschiedlichen Farben markiert. Zweifelsohne sind alle diese Methoden sehr hilfreich und sinnvoll. Trotzdem helfen sie vielen Menschen nicht wirklich weiter und bringen nur wenig Entlastung in den realen Arbeitsalltag. Warum? Weil es zwar gut und wichtig ist, auf dem Papier Klarheit und Ordnung zu schaffen, es letztlich aber auf die Umsetzung ankommt. Viele Menschen haben eine nach allen Regeln der Kunst erstellte Rangliste von zu erledigenden Aufgaben vor sich: Sie schaffen es aber nicht regelmäßig, all Ihre Pflichten zu erfüllen. Weil es einfach zu viele sind und die Sache nicht allein mit Rang- und Checklisten in den Griff zu bekommen ist. Prioritäten zu setzen reicht nicht aus, es geht darum, die richtigen Prioritäten zu kennen und dann entsprechend zu handeln.

Die richtigen Prioritäten zu setzen ist wichtig, um

- sicherzustellen, dass den wichtigen Dingen die meiste Zeit eingeräumt wird und sie auch tatsächlich rechtzeitig erledigt werden;
- zu verhindern, dass weniger Wichtiges zu Lasten der wichtigen Aufgaben und Tätigkeiten geht;
- bewusst entscheiden zu können, wofür es sich nicht lohnt, überhaupt Zeit zu investieren.

Wichtiges und nicht so Wichtiges erkennen

Voraussetzung dafür, den eigenen Aufgaben Prioritäten geben und in eine hilfreiche und sinnvolle Rangordnung bringen zu können, ist Klarheit darüber, wie viel Bedeutung den einzelnen Tätigkeiten tatsächlich zukommt, sprich: inwieweit sie Ihre Ergebnisse und Ihren Erfolg positiv beeinflussen. Vielleicht kennen Sie das Pareto-Prinzip (benannt nach dem Volkswirtschaftler Vilfredo Pareto), auch „80/20-Prinzip“ genannt. Es besagt, dass 20 Prozent der

Faktoren 80 Prozent der Folgen verursachen. Zum Beispiel: 20 Prozent der Kunden eines Unternehmens bringen 80 Prozent des Umsatzes, während 80 Prozent der Kundschaft nur 20 Prozent erwirtschaften. 80 Prozent Ihrer Erfolge erzielen Sie mit 20 Prozent Ihrer Tätigkeiten, während 80 Prozent Ihrer Aktivitäten sich nur mit 20 Prozent auf Ihre Ergebnisse auswirken. (Es sind natürlich nicht immer genau 80 und 20 Prozent, aber immer ist es ein kleiner Teil des Einsatzes, der für einen Großteil der Resultate sorgt). Daraus folgt, dass Unternehmen sich in erster Linie auf ihre Top-Kunden konzentrieren sollen. Generell sollte man die 20 Prozent der eigenen Aktivitäten identifizieren, die den größten Beitrag zum Erfolg leisten. Um dann gezielt vorgehen zu können und die meiste Zeit und Energie auch in die Dinge zu investieren, die den größten Erfolg versprechen.

So ordnen Sie Ihre Tätigkeiten nach Prioritäten

- Womit sind Sie Tag für Tag beschäftigt? Listen Sie alle Ihre Aufgaben auf, die bei Ihnen anfallen, und notieren Sie daneben in etwa den Zeitaufwand.
- Welche der aufgelisteten Tätigkeiten sind die wichtigsten und führen zu den Ergebnissen, die Sie haben wollen? Denken Sie auch langfristig und beachten Sie, dass manche Ihrer Tätigkeiten sich nicht in unmittelbaren Resultaten niederschlagen, aber Voraussetzung für Ihren Erfolg von morgen sind. Zum Beispiel alles, was mit Kundenpflege zu tun hat.
- Gibt es Tätigkeiten, die Ihnen nichts bringen und die Sie deshalb getrost abschaffen können?
- Wo sind die richtigen Zeitdiebe? Zum Beispiel lange nach Unterlagen suchen zu müssen oder unnötig lange Besprechungen sind absolute Zeitverschwendung. Nur wenn Sie die Schwachstellen und Zeitfresser kennen, können Sie auch etwas dagegen unternehmen und so Zeit für die wesentlichen Dinge gewinnen.

Wichtiges und Dringendes unterscheiden

Sie denken, dass die beiden Adjektive identisch sind? Nein falls. Lassen Sie uns den Unterschied an einem Beispiel aus dem täglichen Leben veranschaulichen: Dringend ist ein Zahn, der wehtut und nicht zu ignorieren ist. Dann ist ein Besuch beim Zahnarzt angesagt und unumgänglich. Wichtig sind regelmäßige Zahnpflege und Kontrolle. Auf den Punkt gebracht: Behandlung = dringend, Vorsorge = wichtig. Und Letzteres macht Ersteres oft überflüssig, auf jeden Fall aber weniger schlimm.

Viele Menschen stehen Tag für Tag unter Druck, erledigen ihre Arbeit in Stress und Hektik, eilen von einem Termin zum nächsten. Kaum ist eine Sache abgehakt, warten schon die nächsten Aufgaben, immer wieder unterbrochen von unvorhergesehenen Zwischenfällen, die einem so gar nicht in den Kram passen. Die aber angepackt werden müssen, weil sie wirklich dringend sind und nicht aufgeschoben werden können. Da die dringenden Angelegenheiten laut und aufdringlich daherkommen, ist die Gefahr groß, dass man Zeit und Energien auf sie konzentriert und darüber verpasst, sich um die wichtigen Dinge zu kümmern – also um die Prophylaxe, durchdachte Problemlösungen und das Schaffen und Erhalten stabiler Grundlagen.

Um effektiv zu sein und Zeit und Energien sinnvoll zu investieren, muss man sich auf das wirklich Wichtige konzentrieren. Das ist nicht zwangsläufig das Spektakulärste oder auf den ersten Blick Offensichtliche: Natürlich führt letztlich der unmittelbare Kontakt mit dem Kunden zum Geschäftsabschluss, aber die gute Qualität des Produktes ist für langfristigen Erfolg genauso unentbehrlich. Viele Unternehmen konzentrieren all ihre Kraft auf Marketingaktivitäten und versäumen es, die Verwaltung kundenfreundlich zu gestalten. Oder es wird viel Zeit und Geld in Reklamationsmanagement gesteckt anstatt in die Optimierung der Arbeitsabläufe. Einzelkämpfer widmen sich häufig der dringenden aktuellen Projektarbeit und vernachlässigen die wichtige Akquise von Folge-Aufträgen.

Natürlich kann man es nicht ganz verhindern, dass dringende Dinge anstehen und sofort erledigt werden müssen. Was es zu verhindern oder einzudämmen gilt, das sind permanentes Krisenmanagement, dauernde Feuerwehreinsätze und anhaltender Stress, die den Blick und die Kraft für das Wesentliche und die so wichtige Hintergrundarbeit rauben. Es lohnt sich, kritisch und genau die eigenen Dringlichkeiten zu betrachten und nach Möglichkeiten zu suchen, um in Zukunft effizienter damit umzugehen. Sie können diese Dringlichkeiten ganz verhindern oder abschwächen, indem Sie stabile Grundlagen schaffen.

Effizienter mit Dringlichkeiten umgehen

Natürlich gibt es dringende Dinge, die sofort erledigt werden müssen. Wenn Sie vom Computer abhängig sind und dieser ausfällt, muss er erst mal repariert werden und alles andere rückt in den Hintergrund. Wenn Sie jetzt sofort Unterlagen brauchen, die sich in irgendeinem der Stapel auf Ihrem Schreibtisch verbergen, müssen Sie alles liegen und stehen lassen und danach suchen. Aber die beiden genannten Beispiele unterscheiden sich in einem sehr wesentlichen Punkt: Der Computerausfall lässt sich nicht verhindern, die Sucherei sehr wohl. Für beides gilt, dass es irgendwann mit hoher Wahrscheinlichkeit passieren wird. Deshalb sollte man auf diesen Fall vorbereitet sein. Beide Typen von Dringlichkeiten lassen sich in den Griff bekommen: Der Computerausfall durch einen Notfallplan, die Suche nach Unterlagen durch regelmäßige Ablage.

Beschäftigen Sie sich mit folgenden Fragen:

- Was kann passieren?
- Was ist unvermeidlich?
- Was ist zu tun, um die Sache so schnell wie möglich in den Griff zu bekommen? Wer macht was in welcher Reihenfolge?
- Was lässt sich durch vorbeugende Maßnahmen verhindern?

Sich um das Wichtige kümmern

Die letzte Frage führt uns zu der Kategorie von Notfallsituationen, die sich sehr wohl verhindern lassen. Aus Erfahrung können wir guten Gewissens sagen, dass ein großer Teil der Notfallsituationen durch die entsprechende Hintergrundarbeit zu vermeiden wäre, sich aber ganz bestimmt auf ein Minimum reduzieren lässt.

Der organisatorische Rahmen eines Unternehmens, Routinearbeiten, administrative Tätigkeiten fallen in der Regel in diese Kategorie: wichtig, aber nur selten dringend. Machen Sie sich klar, von welch fundamentaler Bedeutung gerade diese Dinge für Ihren langfristigen Erfolg sind. Dann werden Sie auch die nötige Motivation und Energie aufbringen, um sich regelmäßig und intensiv darum zu kümmern.

Der amerikanische Managementberater Stephen R. Covey hat sich mit den Grundlagen effektiven Zeit- und Selbstmanagements beschäftigt und eine „Zeitmanagement-Matrix“ ausgearbeitet, die wir als sehr hilfreich empfinden und Ihnen deshalb vorstellen möchten.

Die Zeitmanagement-Matrix nach Stephen R. Covey		
Tätigkeiten	**Dringend**	**Nicht dringend**
Wichtig	I ■ Krisen ■ dringliche Probleme ■ Projekte mit anstehendem Abgabetermin	II ■ Vorbeugung ■ Beziehungsarbeit ■ neue Möglichkeiten erkennen ■ Planung, Erholung
Nicht wichtig	III ■ Unterbrechungen, einige Anrufe ■ manche Post, einige Berichte ■ einige Konferenzen ■ unmittelbare, dringliche Angelegenheiten ■ beliebige Tätigkeiten	IV ■ Triviales, Geschäftigkeiten ■ manche Post ■ einige Anrufe ■ Zeitverschwender ■ angenehme Tätigkeiten

© Stephen R. Covey, Die sieben Wege zur Effektivität. Ein Konzept zur Meisterung Ihres beruflichen und privaten Lebens. Wilhelm Heyne Verlag, München 1992, Seite 139.

Clevere Arbeitsweise

Wer möchte das nicht: die Ziele erreichen, die eigenen Aufgaben gut erledigen und trotzdem nicht ins Schleudern kommen. Doch für viele sieht die Realität ganz anders aus. Viele stehen regelmäßig unter starkem Leistungsdruck, hetzen von einer Aufgabe zur nächsten, erledigen die meisten Dinge erst auf den letzten Drücker und haben das Gefühl, dass ihnen die Kontrolle zusehends entgleitet.

Eine Ursache liegt darin, dass viele sich einfach in die Arbeit stürzen, ohne sich ausreichend Gedanken über ihre Arbeitsgewohnheiten zu machen und eine sinnvolle Struktur in die Abläufe zu bringen. Dabei ist das so wichtig und hilfreich, um die Übersicht und die Kontrolle zu bewahren. Und um die Zeit, die man zur Verfügung hat, so sinnvoll wie nur möglich zu nutzen. Und das können Sie tun, um ständige Zeitnot zu vermeiden:

- Aufgaben langfristig planen
- Regelmäßigkeit in die Routinearbeiten bringen
- Kleine Dinge zwischendurch sofort erledigen
- Sich konzentrieren und dranbleiben

Aufgaben langfristig planen

Um große Ziele anzugehen und erreichen zu können, ist es äußerst hilfreich, sie in kleine Teilziele zu unterteilen und diese wiederum in einzelne konkrete Schritte. Setzen Sie sich selbst Fristen und tragen Sie sie in Ihren Zeitplaner groß und sichtbar ein, um den Überblick zu bewahren, Ihr eigener Controller zu sein und ständig sehen zu können, wie Sie vorankommen. So können Sie jederzeit feststellen, ob Sie auf dem richtigen Weg sind oder ob Sie anders vorgehen müssen, beispielsweise mehr Zeit benötigen als ursprünglich geplant. Außerdem machen Sie so Ihre Fortschritte sichtbar und können sich nach jedem erreichten Teilziel – zumindest kurzfristig – auf Ihren Lorbeeren ausruhen. Sie werden sehen: Das wirkt sich sehr positiv auf Ihre Motivation und Ihre Power aus.

Hier ein paar Anregungen, wie Sie größere Aufgaben gezielt und strukturiert angehen können:

1. Erstellen Sie eine Liste aller großen Aufgaben

z.B.

- Teilnahme an der Messe XY am 25. Oktober
- Lehrveranstaltung bei der IHK leiten
- Fernlehrgang in Englisch
- laufendes Projekt mit dem Kunden XY

2. Untergliedern Sie die einzelnen Aufgaben in einzelne Schritte/ Bestandteile

z.B.

- *Teilnahme an der Messe XY am 25. Oktober*
  Anmeldung bei der IHK
  Entwerfen eines neuen Flyers
  Nachdruck Visitenkarten
  Mailings Messeeinladung
  Möbel für Stand beim Messeservice bestellen

- *Lehrveranstaltung bei der IHK leiten*
  Literatur sichten
  Vortrag vorbereiten
  Aufgaben der Teilnehmer korrigieren

3. Sortieren Sie die einzelnen Schritte zeitlich
Bringen Sie eine sinnvolle zeitliche Reihenfolge in die Abläufe. Gehen Sie von der jeweiligen Deadline aus und überlegen Sie sich, wann die einzelnen Schritte getan werden müssen, damit Sie die Sache zeitgerecht, qualitativ gut und ohne Torschlusspanik abschließen können.

z.B.

- *Teilnahme an der Messe XY am 25. Oktober*
  Anmeldung bei der IHK .... Januar
  Möbel für Stand beim Messeservice bestellen .... März
  Entwerfen eines neuen Flyers... März
  Nachdruck Visitenkarten..April
  Mailings Messeeinladung .... September (letzte Woche)

4. Überlegen Sie, wie viel Zeit Sie pro Schritt brauchen werden
Natürlich ist das nicht in jedem Einzelfalle nötig, beispielsweise für einzelne Anrufe, das Ausfüllen eines Anmeldeformulars oder das Verfassen eines Briefes. Das sind kleine Aufgaben, die Sie einfach für einen bestimmten Tag fest einplanen. Komplexe, regelmäßige und langfristige Aufgaben dagegen können Sie am besten planen und in Ihren Arbeitsalltag einbauen, wenn Sie sich über Zeitaufwand und Verteilung der einzelnen Schritte klar sind.

z.B.

- *Lehrveranstaltung bei der IHK leiten*

Literatur sichten	20 Stunden
Vortrag vorbereiten	10 Stunden
Aufgaben der Teilnehmer korrigieren	30 Stunden

5. Unterteilen Sie in kleine, handliche Zeiteinheiten

Um Ihren Arbeitsalltag konkret, sprich: detailliert, planen und die Aufgaben über einen längeren Zeitraum verteilen zu können, sind Zehn-Stunden-Blöcke natürlich nicht geeignet. Machen Sie sich Gedanken darüber, wie Sie die veranschlagte Zeit unterteilen können.

z.B.

- 20 Stunden für das Sichten von Literatur

Es gibt sehr viele Möglichkeiten, diese 20 Stunden einzuplanen: zum Beispiel eine Arbeitswoche lang täglich vier Stunden oder zwei Wochen lang täglich zwei Stunden.

Wichtig ist, dass Sie erstens berücksichtigen, welche anderen Aufgaben Sie in der Zeit parallel dazu erledigen müssen und wie viel Zeit Sie sinnvollerweise für das Studieren einplanen können. Zweitens sollten Sie auf Ihre persönlichen Rhythmen achten, also die Studierstunden auf die Tageszeit legen, in der Sie aufnahmefähig sind und sich gut konzentrieren können.

! Bleiben Sie realistisch und bürden Sie sich nicht zu viel auf! Behalten Sie immer Ihren gesamten Arbeitsalltag und alle Ihre Verpflichtungen im Auge. Sonst kommen Sie – trotz Planung – immer wieder in die Bredouille.

6. Tragen Sie die Termine in Ihren Kalender ein

Auch die beste Planung bringt nicht viel, wenn Sie sie nicht umsetzen und die einzelnen Schritte im geplanten Zeitrahmen realisieren. Ein gutes Hilfsmittel, um die Ziele nicht so leicht aus den Augen zu verlieren und sich selbst zu disziplinieren, ist Ihr Zeitplanungsinstrument (mehr dazu ab Seite 41ff.). Tragen Sie hier

Ihre Deadlines und die einzelnen Aufgaben ein, die Sie sich vorgenommen haben, und machen Sie sie sichtbar. Wenn Sie beispielsweise planen, sich zwei Wochen lang täglich von acht bis zehn Uhr dem Sichten von Literatur für Ihre Lehrveranstaltung zu widmen: Reservieren Sie sich diese Zeit! Handelt es sich um eine regelmäßige Aufgabe, die beispielsweise jeden zweiten Monat anfällt, tragen Sie Ihre Studiertermine am besten gleich für das ganze Jahr ein. So verhindern Sie, dass Sie die Zeit anderweitig verplanen und dann stark unter Druck geraten.

! Seien Sie kritisch und achten Sie darauf, dass Ihre Zeitplanung sinnvoll ist und bleibt. Vielleicht brauchen Sie gar nicht so viele Stunden für eine Aufgabe wie Sie gedacht hatten. Oder es stellt sich heraus, dass etwas langwieriger und komplexer ist und Sie mehr Zeit benötigen. Seien Sie flexibel und korrigieren Sie Ihre Zeitplanung entsprechend.

Regelmäßigkeit in die Routinearbeiten bringen

Routinearbeiten wie Verwaltung und Ablage sind bei vielen Menschen nicht gerade beliebt. Obwohl natürlich jedem bewusst ist, dass sie fundamental für den Erfolg sind und schlicht und einfach unvermeidbar, wenn man etwas schnell und unkompliziert finden will. Wie viel Zeit beim Suchen draufgehen kann und wie viel Ärger das kostet, weiß wohl jeder aus eigener Erfahrung.

Wenn Routinearbeiten vernachlässigt werden, hat das ziemlich schnell ziemlich unangenehme Auswirkungen: Aus den am Anfang noch recht übersichtlichen Stapeln werden kleinere und größere Berge. Und je mehr diese Berge wachsen, umso mehr sinkt die Motivation, sich mit ihnen auseinander zu setzen. Gleichzeitig nehmen das schlechte Gewissen und der Druck zu, die Sache endlich in Angriff zu nehmen. Ein Teufelskreis. Lassen Sie es nicht so weit kommen. Auch wenn Routinearbeiten nicht zu Ihren erklärten Lieblingstätigkeiten gehören: Planen Sie regelmäßig genügend Zeit dafür ein und beschäftigen Sie sich damit. Analysieren Sie, wie viel

Zeit Sie für die Verwaltung Ihrer Adressen, die Buchhaltung und Ihre Ablage brauchen. Finden Sie heraus, wie Sie Ihre Routinearbeiten am besten über die Bühne bringen: ob Sie sich einen bestimmten Wochentag dafür freihalten und dann alles in einem Aufwasch erledigen. Oder ob Sie täglich ein bestimmtes, kleines und überschaubares Pensum erledigen wollen. Sie können zum Beispiel die Zeit am Morgen nutzen, um sich „warmzuarbeiten“.

! Auch „Ausmisten“ gehört zu den kleinen Dingen, die sich gut zwischendurch erledigen lassen. Bestimmt haben auch Sie leistungsmäßige Tiefs, in denen Sie nicht besonders produktiv sind. Nutzen Sie die Gelegenheit, um einen kritischen Blick auf das zu werfen, was sich bei Ihnen so angesammelt hat. Um sich gleich davon zu trennen oder festzulegen, was damit passieren soll. Je regelmäßiger Sie sich um diese Dinge kümmern und je konsequenter Sie von Anfang an mit dem Ausmisten sind, umso weniger sammelt sich an.

Und das haben Sie davon, wenn Sie Ihre Routinearbeiten regelmäßig und konsequent machen:

- Sie wissen, wo Sie was suchen müssen.
- Sie haben keinen belastenden „Kleinkram“ im Nacken.
- Sie tun sich viel leichter, wenn Sie Aufgaben outsourcen oder einen Mitarbeiter einstellen wollen.

Kleine Dinge zwischendurch sofort erledigen

Die beste Strategie für so manch kleine Aufgabe ist einfach die, sie sofort und auf der Stelle zu erledigen. Zum Beispiel einen Fragebogen, den man schnell ausfüllt – anstatt ihn erstmal in die Ablage zu geben. Was getan ist, ist getan.

Überlegen Sie sich, welche kleinen Tätigkeiten Sie immer gerne aufschieben, obwohl Sie sie genauso gut gleich erledigen könnten. Sie werden sehen, wie erleichternd es ist, Dinge einfach abhaken zu können. Damit es keine Missverständnisse gibt: Es geht nicht darum, alle kleinen Handgriffe jederzeit auf der Stelle zu erledigen. Sie müssen immer den Überblick über Ihren Tag bewahren. Auf keinen Fall darf es passieren, dass Sie so viele kleine Aufgaben nacheinander erledigen, dass Ihnen die Zeit für die großen Dinge knapp wird.

Sich konzentrieren und dranbleiben

Wie leicht gehen einem die Dinge von der Hand und wie produktiv ist man, wenn man so richtig vertieft in etwas ist! Das sind Glücksfälle, sagen Sie, die nur ganz selten vorkommen? Zugegeben: Es gibt Tage, an denen klappt nur wenig. Aber das sind doch die Ausnahmen. Normalerweise ist es sehr wohl möglich, sich selbst an die Hand zu nehmen und die Konzentration auf das zu richten, was gerade ansteht. Es geht natürlich auch um die richtigen Rahmenbedingungen: Aber auch die haben Sie zum allergrößten Teil selbst in der Hand – wie Sie in diesem Buch immer wieder lesen.

! Machen Sie das, was Sie gerade tun, intensiv. Wenn Sie telefonieren, dann konzentrieren Sie sich und verzichten Sie darauf, gleichzeitig E-Mails zu schreiben. Wenn Sie eine Besprechung haben, dann denken Sie nicht daran, was Sie am nächsten Tag noch alles zu erledigen haben. So nutzen Sie die Zeit und bekommen bessere Ergebnisse.

Achten Sie auf Ihre biologischen Rhythmen, um die Aufgaben so sinnvoll wie möglich über den Tag zu verteilen. Sich zu konzentrieren fällt einem viel leichter, wenn man nicht gegen Müdigkeit oder sonstige Tiefs ankämpfen muss.

Den „idealen“ Tag planen

Natürlich geht es auch so: Man stürzt sich frühmorgens in die Arbeit, werkelt drauf los, erledigt, was gerade ansteht und anfällt – je nach Persönlichkeit eins nach dem anderen oder mehrere Dinge parallel – und ist den ganzen Tag mehr als ausgelastet und beschäftigt. Vielleicht ist man derart vertieft und eingespannt, dass man Hunger- und Müdigkeitsgefühle verdrängt und Pausen weit nach hinten verschiebt. Mit der Zeit kann man sich an diesen Arbeitsstil gewöhnen und sich vielleicht gar keine Alternative mehr dazu vorstellen. Schließlich funktioniert es ja. Und die Arbeit geht einem ja auch nie aus, ganz im Gegenteil!

Ja, so funktioniert es auch. Und manche Menschen scheinen diesen sehr bewegten und oft hektisch wirkenden Arbeitsstil fast zu lieben. Doch auf die Dauer kann niemand so arbeiten. Es muss nicht unbedingt zum Schlimmsten kommen: zum gefürchteten Ausgebranntsein, dem Burn-out, und einer mehr oder weniger langen Zwangspause. Permanent unter Druck zu stehen, Dinge schnell schnell zu erledigen und dauernd zu „funktionieren“, ist einfach nicht gesund. Und auch nicht sinnvoll. Nur weil jemand den ganzen Tag über beschäftigt und eingespannt ist, heißt das noch lange nicht, dass effektiv und effizient gearbeitet wird. Eine wichtige Voraussetzung dafür ist nämlich, sinnvoll mit den eigenen Ressourcen umzugehen und mit so wenig Aufwand wie möglich bestmögliche Resultate zu erzielen.

! Stellen Sie sich folgende Frage: „Kann ich meinen jetzigen Arbeitsstil, mein Tempo und meinen Arbeitsrhythmus die nächsten fünf Jahre durchhalten?“ Wenn Ihre Antwort nein lautet, sollten Sie dringend etwas unternehmen. Schließlich wollen Sie langfristig erfolgreich arbeiten und leben, oder?

Mit einer cleveren und verantwortungsvollen Tagesplanung, die auf die individuellen Voraussetzungen abgestimmt ist, lässt sich viel mehr mit viel weniger Aufwand erreichen. Alles hat seine Zeit, so sagt man. Dieses Prinzip sollten Sie sich zu Nutze machen, um sinnvoll mit der Ressource Zeit und mit Ihren persönlichen Ressourcen umzugehen. Sie können Ihre Energien gezielter einsetzen und mit wenig Aufwand sehr viel erreichen, wenn Sie:

- Ihre biologischen Rhythmen nutzen
- die Gewohnheiten Ihrer Kunden kennen und berücksichtigen
- den Tag strukturieren und regelmäßige Pausen einplanen
- Arbeit und Privatleben trennen

Die biologischen Rhythmen nutzen

Neueste wissenschaftliche Ergebnisse beweisen, dass wir viel stärker natürlichen Rhythmen unterworfen sind, als allgemein angenommen. Untersucht werden Phänomene wie die Schwankungen der Körperfunktionen im Verlaufe eines Tages, die Auf und Abs der Leistungskurve, kurz die Vernetzung unterschiedlicher körperlicher Funktionen und Bedürfnisse mit der Tageszeit. Die Wissenschaft, die sich damit beschäftigt, ist recht jung und nennt sich Chronobiologie (Schlafforschung ist ein Teilbereich davon). Das Fazit umfassender Untersuchungen lautet: Um langfristig leistungsfähig und gesund zu bleiben, muss man die eigenen biologischen Rhythmen respektieren.

Es ist zwar möglich, diese zu ignorieren und sich ihnen zu widersetzen, aber das geht schnell zu Lasten der Leistungsfähigkeit und des Wohlbefindens. Und macht auf die Dauer krank. Da ist einmal die Sache mit den Tag- und Nachtmenschen. Während die Tagmenschen schon frühmorgens topfit sind, können die Nachtmenschen nur müde gähnen, weil sie nicht selten erst am Abend zur Höchstform auflaufen. Man ist auch nicht den ganzen Tag über in gleicher Weise belastbar. Die Konzentrationsfähigkeit beispielsweise schwankt und verläuft in Phasen. Jeder hat schon am eigenen Leib erfahren, wie nach einer gewissen Zeit die Aufmerksamkeit nachlässt, wie man abschweift, wie der Kopf und die Augen müde werden. Parallel zum Rückgang der Konzentrationsfähigkeit sinken Motivation und Freude an der Tätigkeit sowie – oft genug zum Leidwesen der anderen – die Laune. Was ansteigt, sind die Fehlerquote und die Zeit, die man zur Bewältigung der Aufgabe benötigt.

Seien Sie nett und gleichzeitig streng mit sich selbst, wenn Sie merken, dass Ihnen die Dinge immer schwerer von der Hand gehen und

Sie anfangen Fehler zu machen. Das merkt man nämlich sehr wohl, will es aber nicht wahrhaben und geht einfach darüber hinweg, weil ja noch so viel Arbeit vor einem liegt. Achten Sie auf sich selbst und Ihre ganz persönlichen „Kontrolllampen“. Gerade wenn man unter Druck steht, ist die Neigung groß, die Zähne zusammenzubeißen und die Sache durchzuziehen. Aber es lohnt sich nicht: Aufwand und Ergebnis stehen in keinem Verhältnis zueinander.

Stichwort Kreativität und Ideen

Auch für Kreativität und Ideenfindung gibt es Zeiten, in denen es wie geschmiert läuft, und andere, in denen einfach nichts passiert. Eine große Rolle spielen hier auch der Ort und das ganze Umfeld. Während der eine sich hinsetzen und in sich hineinhorchen muss, ist es für den „kinästhetischen“ Typen wichtig, sich zu bewegen, im Zimmer hin- und herzulaufen oder spazieren zu gehen. Vielleicht fliegen Ihnen die Ideen nur so zu, wenn Sie sich inmitten anderer Menschen befinden – in einem Café oder in einer Bibliothek beispielsweise. Warum sollten Sie sich im stillen Kämmerlein quälen und das mit einem schlechten Resultat?

! Achten Sie auf Ihre biologischen Voraussetzungen und gehen Sie clever damit um.

Tag- oder Nachtmensch?

Sie stehen leicht und gerne früh auf und sind vor allem am Vormittag sehr belastbar und konzentrationsfähig? Dann sollten Sie Ihren Arbeitstag so früh wie möglich beginnen und alle anstrengenden und anspruchsvollen Aufgaben in dieser Zeit erledigen. Sie kommen erst gegen zehn Uhr so richtig in Schwung? Schauen Sie, inwieweit Sie Ihren Arbeitsbeginn nach hinten verlegen können. Wenn das nicht möglich ist und Ihr Business Sie zum frühen Arbeitsbeginn zwingt, können Sie sich selbst einen riesigen Gefallen tun, indem Sie nicht mit den anspruchsvollsten Arbeiten anfangen. Gehen Sie den Tag langsam an und sichten Sie beispielsweise Ihre Planung für den jeweiligen Arbeitstag. Auch Routinearbeiten eignen sich hervorragend für die Zeiten, in denen man noch nicht voll einsatzfähig ist und sich erst „aufwärmen“ muss.

Die Leistungskurve herausfinden

Vielleicht geht es Ihnen wie mir: Am Vormittag kann ich mich am besten konzentrieren und bin einfach am kreativsten. Deshalb reserviere ich meine Vormittage für die Aufgaben, die für mich am anstrengendsten sind und meine volle Aufmerksamkeit erfordern. Telefongespräche, Lesen von Fachzeitschriften und Routinearbeiten wie die Ablage verlege ich dagegen auf den Nachmittag. Am Abend kann ich mich zwar einigermaßen konzentrieren, bin dann aber sehr aufgekratzt und schlafe extrem unruhig, was sich natürlich negativ auf den nächsten Tag auswirkt. Vor einigen Jahren machte ich eine berufsbegleitende Weiterbildung und wollte – wie andere Leute auch – jeden Abend zwei Stunden lernen. Doch für mich war das eine Qual mit mageren Resultaten: Also stand ich morgens früher auf, um mich vor der Arbeit mit meinem Lernstoff zu beschäftigen. Achten Sie auch auf Schwankungen in Ihrer Belastbarkeit und Ausgeglichenheit: Die beiden hängen meiner Erfahrung nach zusammen. Wenn Sie ungeduldig oder gar gereizt werden, liegt das meist daran, dass Ihre Energie nachlässt. Deswegen wird alles, was nicht sofort glatt läuft, zu einem großen Störfaktor. Unterbrechen Sie Ihre Tätigkeit und widmen Sie sich einer anderen Sache. Oder bewegen Sie sich, gehen Sie raus oder drehen Sie eine Runde im Büro.

Lernen Sie Ihre biologischen Rhythmen besser kennen und respektieren Sie sie so weit wie nur möglich bei Ihrer Tagesplanung:

- Wann und unter welchen Umständen können Sie sich am besten konzentrieren? Wann gehen Ihnen Arbeiten, die viel Konzentration und Aufmerksamkeit erfordern, am leichtesten von der Hand? Wann sind Sie vollkommen vertieft in Ihre Tätigkeit? Vielleicht brauchen Sie absolute Ruhe und müssen ungestört bleiben, weil Sie sich allzu leicht ablenken lassen. Vielleicht sind Sie am produktivsten, wenn Sie von Leuten umgeben sind.

- Wie lange können Sie intensiv und konstruktiv an etwas arbeiten? Wie lange dauern Ihre wirklich produktiven Phasen?

- Zu welcher Tageszeit werden Sie leicht hektisch, sind nervös und fühlen sich schnell unter Druck gesetzt? Wann machen Sie am leichtesten Flüchtigkeitsfehler? Wie lange können Sie am Stück arbeiten, bis sich solche „Symptome“ zeigen?

- Wann und wo haben Sie die besten Ideen? Welche Zeiten, Orte und Umstände sind Gift für Ihre Kreativität? Ist die Anwesenheit anderer Leute gut für Sie oder fliegen Ihnen die Ideen eher zu, wenn Sie alleine sind? Viele Menschen quälen sich und setzen sich selbst unnötig unter Druck, um endlich ein paar gute Ideen zu bekommen. Oft liegt es daran, dass sie sich selbst nicht gut kennen und die eigenen Bedürfnisse einfach unter den Tisch kehren.

- Zu welcher Tageszeit gehen Sie am liebsten unter Menschen oder sprechen am liebsten mit anderen? Wann sind Sie nicht ganz so fit und brauchen Reize von außen? Es ist sehr sinnvoll, persönliche Termine, Besprechungen und Telefongespräche auf die Phasen zu legen, in denen Ihnen der Umgang mit anderen Menschen am meisten Spaß macht. So nutzen Sie Ihre Zeit optimal und bekommen auch gute Ergebnisse.

> ! Bestimmt kommen Sie immer mal wieder in die Lage, einfach gegen Ihre biologischen Bedürfnisse handeln zu müssen, weil die Zeit drängt und die Deadline für ein Projekt unmittelbar bevorsteht. Das ist in Ordnung und wird von unserem sehr anpassungsfähigen Organismus auch gut weggesteckt – wobei es natürlich große individuelle Unterschiede gibt. Wichtig ist, diese Arbeitsweise nicht zum Dauerzustand werden zu lassen. Spitzenbelastungen sollen die Ausnahme sein, nicht die Regel!

Lassen Sie sich nicht dazu verleiten, gar nichts zu tun, weil es die hundertprozentige Lösung nicht gibt. Mit sehr hoher Wahrscheinlichkeit gibt es Rahmenbedingungen, an denen Sie selbst mit dem besten Willen nichts ändern können. Sie werden nicht alles umsetzen können, was theoretisch möglich ist, auch nicht alle oben genannten Punkte. Selbst wenn Sie nur an einer einzigen Schraube drehen – zum Beispiel Ihre konzentrativen Hochphasen für die aufwändigsten und anstrengendsten Aufgaben reservieren –, werden Sie schon sehr viel Gewinn daraus ziehen.

Die Gewohnheiten Ihrer Kunden berücksichtigen

Vielleicht gibt es Zeiten, in denen Ihre Kunden und Lieferanten telefonisch besser erreichbar sind als in anderen. So ist in den meisten Unternehmen zwischen 12 und 14 Uhr Mittagspause und die Wahrscheinlichkeit, dass Sie Ihren Ansprechpartner nicht erwischen, relativ hoch. Vielleicht ist das bei Ihren Geschäftspartnern ganz anders. Wie auch immer: Vermeiden Sie Doppel- oder gar Mehrfachanrufe, indem Sie sich die relevanten Informationen über Ihre Kunden beschaffen.

z.B.

Möglicherweise sind Ihre Geschäftspartner zu bestimmten Zeiten ansprechbarer und ausgeglichener, was sowohl Zeitersparnis als auch eine Erhöhung der Lebensqualität bedeuten kann. Ein Seminarteilnehmer verriet beispielsweise, dass er seine Kunden prinzipiell nur am Nachmittag, und zwar unmittelbar nach deren Mittagspause, anruft. Seiner Erfahrung nach sind sie da am ausgeglichensten und am zugänglichsten. Absolut tabu, so derselbe Seminarteilnehmer, seien Montagvormittag und Freitagnachmittag, weil die meisten Leute da noch nicht oder nicht mehr richtig bei der Sache sind.

Viele, die hauptsächlich mit Einzelunternehmern oder kleinen Firmen zu tun haben, verlegen ihre Telefongespräche sowie persönlichen Treffen am liebsten auf Freitag, weil ein Großteil ihrer Kunden da die meisten Freiräume hat. Bestimmt gibt es auch bei Ihren Kunden Rhythmen, die Sie berücksichtigen sollten, um so zwei Fliegen mit einer Klappe zu schlagen: Ihren eigenen Tag gezielt und sinnvoll zu planen und die Zusammenarbeit einfacher und effizienter zu gestalten.

> **!** Lassen Sie sich von Ihren Geschäftspartnern nicht „tyrannisieren“ und beispielsweise ab sieben Uhr früh durch Anrufe auf Ihrem privaten Anschluss auf Trab halten. Es sei denn, Sie finden das toll. Wenn nicht, sagen Sie freundlich und bestimmt, zu welchen Zeiten Sie jederzeit gerne ansprechbar sind – dass auch Sie Ihre privaten Freiräume haben und bitten Sie darum, diese zu respektieren.

Den Tag strukturieren und regelmäßige Pausen einplanen

Gerade Einzelkämpfer powern oft den ganzen Tag durch und sind der Überzeugung, dass Pausen reine Zeitverschwendung sind und sie auch sehr gut ohne Unterbrechung klarkommen. Und selbst wenn eigentlich mal eine Pause angesagt wäre: Man kann es sich schlicht und einfach nicht leisten, weil die Arbeit sonst überhaupt nicht mehr zu bewältigen ist. Stopp: Genau hier liegt der Hund begraben. Natürlich können Pausen die reine Zeitverschwendung sein. Dann nämlich, wenn sie zur falschen Zeit eingelegt werden (beispielsweise mitten in der hochproduktiven und ideenreichen Phase) oder nur halbherzig durchgezogen werden (neben dem Essen schnell einen Fachartikel lesen).

Pausen sind dann eine gute Investition, wenn

- sie während einer „Ruhephase“ genommen werden, in der Ihr Körper und Geist seine Kapazitäten herunterfährt und sich regenerieren will;
- Sie rechtzeitig Pause machen und nicht erst dann, wenn Sie so ausgelaugt und gereizt sind, dass Sie gar nicht mehr abschalten können. Dann bringen Sie sich nämlich nicht nur um den Genuss der Pause, sondern auch noch um die erholsame Wirkung.
- Sie sich voll auf die Pause konzentrieren, richtig abschalten und sich selbst Ruhe und Spaß gönnen;

- Sie die Pause aktiv nutzen, um Ihre Batterien aufzuladen (zum Beispiel: langsam und konzentriert essen, einen Spaziergang machen).

Gehören Sie zu den Menschen, die schlicht und ergreifend in der Arbeit versinken und gar nicht merken, wie die Zeit vergeht? Dann stellen Sie sich einen Wecker, der Sie an die Pause erinnert. Oder nutzen Sie Ihr Computerprogramm, wenn Sie mit elektronischer Terminplanung arbeiten. Es geht um die richtige Abfolge von Spannung und Entspannung. Darum, mit den eigenen Energien hauszuhalten, um effizient zu sein und so am Ende schneller und leichter ans Ziel zu kommen. Es ist wichtig, sich selbst nicht zu überschätzen und sich nicht auszubeuten. Abgesehen davon, dass man so langfristig engagierter und leistungsfähiger sein kann, macht die Arbeit auch viel mehr Spaß. Was sich wiederum motivierend und positiv auf die Arbeitsmoral und damit auf die Leistungen auswirkt. Alles spricht also dafür, sich einen sinnvollen Rhythmus, einen regelmäßigen Wechsel von Powern und Relaxen anzugewöhnen und zu pflegen.

! Es gibt Tage, an denen klappt es einfach nicht mit bestimmten Dingen. Es lohnt sich, die Zeit in andere Tätigkeiten zu investieren – oder eine Pause einzulegen. Denn gerade Kreativität und Ideen lassen sich nicht erzwingen. Und je mehr Sie sich unter Druck setzen, umso weniger kommt dabei heraus. Und umso mehr Zeit und Energie vergeuden Sie. Widmen Sie sich anderen, im Moment vielversprechenderen Dingen und machen Sie weiter, wenn Sie das „Tief“ überwunden haben. Sie werden sehen, dass Ihnen die Sache dann wieder leichter von der Hand geht.

Arbeit und Privatleben trennen

Natürlich gibt es große individuelle Unterschiede. Aber vieles deutet darauf hin, dass uns klare Strukturen die Orientierung erleichtern und dadurch unsere Handlungsfähigkeit steigern. Eine klare zeitliche Trennung von Arbeit und Privatleben kann äußerst hilfreich sein:

- Der Fokus und die ganze Aufmerksamkeit liegen während der Arbeitszeit voll auf der Arbeit.
- Die klare zeitliche Begrenzung wirkt als Deadline und beschleunigt Ergebnisse.
- Niemand stört Sie, weil alle wissen, dass Sie jetzt „arbeiten“, auch wenn Sie zu Hause sind.
- Sie vergeuden keine Arbeitszeit mit privaten Dingen.
- Es ist klar, wann die Arbeit vorbei ist und die Freizeit beginnt.

Vielleicht tut es Ihnen tatsächlich gut und Ihrer Arbeitsintensität keinen Abbruch, zwischendurch Computerspiele zu machen. Dann sollten Sie damit auch nicht aufhören. Meiner Erfahrung nach fühlen sich jedoch die meisten Menschen besser, wenn sie ihre Aufgaben durchziehen und dann nach getaner Arbeit voll ins Spielen eintauchen. Einfach weil sie dann das Gefühl haben, etwas geleistet und abgeschlossen zu haben und sich das Vergnügen zu verdienen.

> ! Machen Sie nach jedem Arbeitstag einen klaren Schnitt, um ihn zu beenden und auch wirklich abschalten zu können. Machen Sie es sich zur Gewohnheit, den Übergang von Arbeit und Freizeit aktiv zu gestalten. Es gibt viele Möglichkeiten: spazieren gehen, Musik hören, Sport, Entspannungstechniken, ein Gespräch mit Freunden oder ein Kneipenbesuch. So machen Sie keine „halben Sachen“: Wenn Sie arbeiten, dann intensiv, konzentriert und zielgerichtet. Und wenn Sie frei haben, dann sind Sie auch innerlich frei (von der Arbeit) und widmen sich dem, was Sie tun, hundertprozentig.

Für die Home-Office-Leute

Viele Menschen verfallen bei der Arbeit von zu Hause aus in zwei Extreme: Entweder sie lassen sich ständig von privaten Dingen ablenken – oder sie arbeiten nur noch. Bewährt hat es sich, eine gewisse „Arbeitszeit“ festzulegen und diese mehr oder weniger einzuhalten, genauso wie Sie es auch in einem Büro tun würden. Wir haben als Richtwert 9 bis 18 Uhr beibehalten. Der morgendliche Start sollte auf jeden Fall festgelegt sein. Lassen Sie nicht einreißen, dass Sie morgens immer mal länger schlafen. Das verschiebt nur Ihren Arbeitstag sehr weit in den Abend hinein. Gerade Selbstständige, die die „neue Freiheit der völligen Selbstbestimmtheit“ spüren, tun sich anfangs sehr schwer mit dem Gefühl, nirgends zu einem bestimmten Zeitpunkt sein zu müssen (außer natürlich bei Terminen).

Wenn Sie von zu Hause aus arbeiten, fällt die Trennung von Arbeit und Privatleben natürlich etwas schwerer: Es ist wichtig, dass Sie sowohl zeitlich als auch räumlich eine gewisse Trennung schaffen. Die Betonung liegt auf „gewisse“ – denn nicht jeder hat eine Wohnung, wo das Arbeitszimmer deutlich abgetrennt ist. Vielleicht arbeiten Sie in einer „Arbeitsecke“. Wichtig ist, dass Sie räumlich und auch gedanklich die Arbeit an Ihrem Arbeitsplatz lassen, also nicht etwa Arbeitsunterlagen überall in der Wohnung verteilen. Sonst ist es Ihnen bald auch nicht mehr möglich, auf Ihrer Wohnzimmer-Couch zu entspannen, weil die ganze Wohnung mit Arbeit verbunden ist.

Was das Mischen von Aufgaben betrifft, also mal nebenbei Wäsche zu waschen oder Geschirr zu spülen: Gehen Sie in sich und finden Sie heraus, ob Sie tatsächlich die nötige Disziplin aufbringen, um trotzdem den Fokus auf die Arbeit zu richten. Nicht jedem gelingt so ein „Mischtag“. Wenn Sie sich leicht verzetteln, dann verlegen Sie auch Hausarbeiten und andere private Erledigungen konsequent in Ihre Freizeit. Wenn Sie gut mischen können, dann spricht nichts dagegen, zwischendrin eine Runde zu bügeln, solange nicht alle Pausen mit anderer Art von Arbeit gefüllt werden. Denken Sie auch an die wichtigen Entspannungspausen.

Termine sinnvoll und realistisch planen

Viele Menschen fühlen sich als Opfer ihres eigenen Terminkalenders, eilen von einem Termin zum nächsten und stehen ständig unter

Strom. Natürlich kann es mal vorkommen, dass sich wichtige Termine ballen und Sie einen Marathonlauf hinlegen müssen. Aber achten Sie darauf, dass das nicht einreißt, weil Sie auf Dauer weder Ihre anderen wichtigen Aufgaben erledigen können noch die Termine selbst gut und professionell über die Bühne bringen. Und das wirkt sich irgendwann sehr negativ auf Ihr ganzes Unternehmen aus.

Wie Ihr Terminkalender aussieht, bestimmen Sie selbst. Termine realistisch zu planen bedeutet, dass Sie auch Ihre anderen Aufgaben und Ihre persönlichen Freiräume respektieren und dass Sie Ihre persönlichen Treffen qualitativ hochwertig und professionell gestalten. Das ist ein wesentlicher Teil effektiven Zeitmanagements.

Das Gute daran ist, dass Sie selbst die Spielregeln wesentlich mitbestimmen können. Obwohl die Überzeugung „Wenn meine Kunden einen Termin vorschlagen, muss ich doch springen!", weit verbreitet ist. Dabei gibt es diesen Gedanken in der Regel nur im eigenen Kopf: Tatsächlich sind es nur sehr wenige Geschäftskontakte, die einen „springen" und „antanzen" lassen wollen. Viele machen sich das Leben selbst schwer, weil sie sich mit der Überzeugung, man müsse den vom Kunden vorgeschlagenen Termin grundsätzlich akzeptieren, selbst unter Druck setzen. Das stimmt natürlich, wenn Sie das als Spielregel akzeptieren und zur Gewohnheit werden lassen. Dann weiß der andere, dass man das mit Ihnen machen kann – und macht es auch. Aus jahrelanger Erfahrung – unserer eigenen und der anderer – können wir sagen, dass ein Großteil des Termindrucks hausgemacht ist.

Die wichtigsten Voraussetzungen für eine sinnvolle und effiziente Terminplanung sind: die Überzeugung, dass man selbst am Steuerrad sitzt und nicht von anderen Leuten, von außen gesteuert wird und zwangsläufig reagieren muss. Und die Motivation, das Steuerrad auch zu behalten und zu bedienen. Nur wer seine Termine auch wirklich aktiv planen und wahrnehmen will, wird hier langfristig erfolgreich sein. Es ist notwendig, dass Sie klare Vorstellungen und einen guten Überblick über Ihre Verpflichtungen haben und behalten. Dann erkennen Sie sehr schnell, wenn es eng wird und können entsprechend reagieren, sprich: den neuen Termin auf später verlegen oder eine bereits getroffene Verabredung verschieben.

Auch Letzteres ist immer eine Möglichkeit, die man auf jeden Fall ins Auge fassen sollte: Nur die allerwenigsten Termine lassen sich nicht verschieben. Aber achten Sie darauf, dass das die absolute Ausnahme bleibt!

> **!** Auch hier geht es natürlich darum, dem Wichtigen Priorität und mehr Raum zu geben. Eine unerwartete und nicht aufzuschiebende Gelegenheit, sich mit einem vielversprechenden möglichen Kooperationspartner zu treffen, ist eventuell wichtiger als ein anderer Termin. Auch wenn Sie diesen bereits seit längerem vereinbart haben. Verantwortungsvolle Zeitplanung heißt auch, aktiv zu werden und etwas zu verschieben.

Gute Terminplanung bedeutet, hilfreiche Rahmenbedingungen und Regeln zu entwerfen und zu befolgen, um sich selbst zu entlasten und nicht immer wieder oder gar regelmäßig in Zeitnot zu kommen. Dazu kommt die Bereitschaft, flexibel auf die Dinge zu reagieren, Termine bei Bedarf auch mal zu verschieben oder ganz abzusagen. Klar ist es auch wichtig, dass Sie mit einem zeitlichen Engpass zu jonglieren verstehen, aber das sollte kein Dauerzustand sein.

Geschickte Terminplanung bedeutet im Idealfall:

- Sie bewahren den Überblick über Ihre Verpflichtungen und wissen genau über Ihre zeitlichen Kapazitäten Bescheid. Es passiert Ihnen nicht, dass Sie Termine einfach verpassen, zu spät kommen oder Ihre Zeit mehrfach verplanen.

- Sie überschätzen und belasten sich nicht selbst, indem Sie Termine ballen, sondern Sie verteilen sie so, dass Sie gut klarkommen. Damit lassen Sie keinen Terminstress einreißen und kommen nicht so leicht in die unangenehme Situation, zugesagte Termine im letzten Moment und sogar mehrfach verschieben zu müssen, weil Sie es einfach nicht schaffen.

- Sie können alle Ihre Termine einhalten und sich ausreichend Zeit für die einzelnen Gespräche nehmen. Bestimmt kennen auch Sie

Menschen, die immer den Eindruck vermitteln, nicht ganz bei der Sache und schon auf dem Sprung zur nächsten Verpflichtung zu sein. Abgesehen davon, dass die Qualität eines Gespräches darunter sehr stark leiden kann, geht das sehr zu Ungunsten des Images der Person und des Unternehmens. Zuverlässigkeit ist ein wesentlicher Bestandteil von Professionalität und unabdingbar für eine gute Zusammenarbeit. Souveränes und verantwortungsvolles Managen der Termine ist eine Voraussetzung dafür.

- Sie planen Freiräume ein und können deshalb Unvorhergesehenes einbauen, ohne dass sich dadurch großartige Belastungen und Verschiebungen für Ihren Arbeitsablauf und Ihre Verpflichtungen ergeben.

- Sie haben genügend Zeit, um all Ihren anderen Aufgaben und Tätigkeiten nachzukommen. Sie laufen nicht Gefahr, dass sich, während Sie einen Termin nach dem anderen wahrnehmen, die Arbeit auf Ihrem Schreibtisch stapelt und Sie schon bald kein Land mehr sehen. Es kann sein, dass sich die Termine mal für einen kurzen Zeitraum ballen: Da dies aber die Ausnahme ist, kann sich nicht allzu viel ansammeln. Außerdem behalten Sie auch in solchen Spitzenzeiten den Überblick auf Ihrem Schreibtisch.

- Sie tragen auch Ihre privaten Termine ein und nehmen Sie genau so ernst wie Ihre geschäftlichen Verpflichtungen. So stellen Sie sicher, dass Ihr Privatleben nicht zu kurz kommt, Sie den nötigen Ausgleich haben und Ihre Batterien regelmäßig aufladen. Natürlich ist es wichtig, flexibel zu sein und auch mal eine private Verabredung zu Gunsten einer wichtigen geschäftlichen Sache abzusagen. Aber lassen Sie das nicht einreißen! Und die einfachste Möglichkeit, sich hier selbst auf die Finger zu schauen und zu disziplinieren, ist die feste Buchung im Terminkalender.

So weit, so gut. Doch selbst wenn Sie noch so vorausschauend planen und Ihre Termine wunderbar in Ihre sonstigen Aufgaben einzubetten verstehen, kann es sein, dass alles nicht ganz so effizient ist, wie Sie das gerne hätten. Vielleicht haben Sie das Gefühl, dass so mancher Termin eigentlich gar nicht nötig gewesen wäre oder ganz anders hätte ablaufen sollen. Vielleicht hätten Sie sich so manche Fahrt sparen und die Zeit anderweitig besser nutzen können. Was tun?

- Vereinbaren Sie nicht immer sofort einen Termin! Überlegen Sie erst mal, was Sie und Ihr/e Gesprächspartner sich von einem Treffen versprechen, was Inhalt und Ziele der Besprechung sein sollen. Vielleicht ist es sinnvoller, sich anfangs per Telefon und/oder E-Mail auszutauschen und erst später ein persönliches Treffen zu organisieren.

- Gerade wenn es bei Ihnen sowieso schon eng ist, sollten Sie unbedingt klären, wie „eilig“ eine Sache wirklich ist. Zum einen gehen die Vorstellungen hier extrem weit auseinander: Für Sie bedeutet „eilig“ vielleicht „heute oder morgen“, ein anderer versteht darunter „innerhalb der nächsten drei Wochen“. Und zum anderen haben es sich viele zur Angewohnheit gemacht, immer auf das Gaspedal zu drücken. Häufig stellt sich nach gezieltem Nachfragen heraus, dass es auf ein paar Tage hin oder her überhaupt nicht ankommt. Spielen Sie das Spiel des „Eigentlich hätten wir das schon gestern haben müssen!“ nicht einfach mit. Fragen Sie höflich und klar nach, interessieren Sie sich für den anderen, gehen Sie den Dingen auf den Grund und machen Sie Ihrem Geschäftspartner einen Alternativvorschlag. Sie werden sehen, wie oft das ursprüngliche „eilig“ in Wirklichkeit gar nicht so eilig ist.

- Stürzen Sie sich nicht einfach in einen Termin, sondern klären Sie im Vorfeld ab, wie Sie sich optimal darauf vorbereiten können. Oft ist es viel sinnvoller, erst mal Informationen zu sammeln, sich Gedanken zu machen und etwas auszuarbeiten. So können Sie vermeiden, Zeit für wenig sinnvolle Treffen zu verschwenden, und die Anzahl der Termine generell senken. Außerdem werden so die Besprechungen selbst viel effizienter und produktiver. Und das ist sowohl in Ihrem eigenen Sinne als auch in dem Ihres Geschäftspartners.

Akquise-Termine

Gerade kleine Unternehmen machen sich für die Akquise häufig zum Ziel, einen persönlichen Gesprächstermin zu bekommen, bei dem Sie dem potenziellen Kunden das eigene Unternehmen und die Leistungen präsentieren. So schön ein persönliches Gespräch sein kann, so wichtig ist es, sich darüber klar zu werden, ob diese Akquise-Methode tatsächlich lohnend ist. Wir kennen aus unserer Beratung für Selbstständige einige Fälle, wo sehr viel Zeit und Energie allein für Terminierung und das Wahrnehmen der Termine eingesetzt – und leider vielfach verschwendet wird. Gleichzeitig leidet die Betreuung bestehender Kunden, und es wird Zeit, um die „eigentlichen" Aufgaben zu erledigen, regelrecht vertan. Häufig schlagen sich diese Selbstständigen mit Überstunden en masse herum, weil nach den Terminen das ganze Tagesgeschäft auf sie wartet.

Das heißt nicht, dass persönliche Termine schlecht sind. Es heißt lediglich: Auch hier ist es sinnvoll, das eigene Vorgehen zu hinterfragen und zu optimieren:

- Wie gehen Sie momentan vor?
- Mit welchem Resultat (im Verhältnis zum Aufwand)?
- Wo sehen Sie, wenn Sie sich mal strukturiert Gedanken machen, Hindernisse/Nachteile des jetzigen Vorgehens?
- Welche Zielgruppe haben Sie – und wie gehen Sie außer der Terminierung an diese heran?
- Wie wäre Ihr Ideal? Und davon ausgehend ermitteln Sie die Schritte, die Sie diesem Ideal nahe bringen.

Denken Sie daran: Es ist weder Ihnen noch Ihren Kunden damit gedient, wenn Sie durch die Gegend hetzen – und andere Leistungen und auch die Qualität leiden. Es mag vordergründig ein gutes Gefühl geben, denn wenn man „unterwegs ist", heißt das ja, dass man aktiv ist und sich in das eigene Unternehmen so richtig reinhängt. Wenn die Resultate jedoch nicht in einem guten Verhältnis zum Einsatz stehen, ist es nicht in Ihrem Sinne.

Stichwort „sinnlose Besprechungen"

Hier ein paar Tipps, wie Sie eine Besprechung effektiv angehen und positiven Einfluss nehmen können:

- Klären Sie im Vorfeld ab, was ein Treffen beiden Seiten bringen soll, und entscheiden Sie dann, ob der Zeitpunkt optimal ist.

- Holen Sie sich alle nötigen Informationen und bereiten Sie sich auf das Gespräch vor, um es so effizient wie möglich zu gestalten.

- Geben Sie Ihrem Geschäftspartner Feedback zum Verlauf der Besprechungen. Wenn Sie nicht damit einverstanden sind, sagen Sie es. Überlegen Sie sich genau, was Sie nicht so gut finden und was man ändern könnte. Seien Sie diplomatisch, aber klar. Stellen Sie dar, dass beide Seiten nur gewinnen, wenn Besprechungen produktiver gestaltet werden.

- Machen Sie konstruktive Vorschläge, wie man die Meetings effizienter gestalten könnte. Hier einige Beispiele: Nur relevante Personen nehmen teil. Alle kennen das Thema und das Ziel der Besprechung und sind vorbereitet. Die Besprechung wird rechtzeitig angekündigt, damit die nötige Vorarbeit auch geleistet werden kann. Es gibt eine Tagesordnung und einen Moderator, nur die wirklich wichtigen Dinge sowie Entscheidungen werden protokolliert und an alle verteilt.

Von heute auf morgen anberaumte eilige Besprechungen sind immer dringend. Kommt das häufig vor, ist diese Dringlichkeit meistens ein Symptom dafür, dass die wirklich wichtigen Dinge vernachlässigt werden: Das ist in diesem Falle die Gestaltung einer effizienteren Meetingkultur.

Hilfsmittel, um den Überblick zu bewahren

Es gibt Seminare, es gibt Bücher, es gibt Fachartikel – und alle drehen sich nur um die eine große Frage: Wie bekomme ich meine Zeit in den Griff? Hilfsmittel zum Zeitmanagement können immer nur Werkzeuge sein: Der beste Zeitplaner kriegt es nicht hin, die Zeit für Sie zu managen. Das können nur Sie selbst. In diesem Kapitel stellen wir Ihnen einige Hilfsmittel zum Zeitmanagement vor – und geben Ihnen Tipps, wie Sie das richtige für sich finden. Auch hier gilt: Das bloße Übernehmen von Methoden anderer Menschen funktioniert nicht. Zeitmanagement ist eine ganz individuelle Sache – nur mit Abklopfen der eigenen Person und Arbeitsweise und mit Disziplin werden Sie Ihr Zeitmanagement merklich verbessern. Die Bücher, Seminare und Fachartikel können Ihnen nur die Grundlagen vermitteln, Denkanstöße geben und natürlich Werkzeuge anbieten. Wichtig ist, sich für das zu entscheiden, was man gerne zur Hand nimmt, womit man gut klarkommt und sich das Leben leichter machen kann. Sie sollten sich auf keinen Fall von Trends leiten lassen, sondern von Ihren Bedürfnissen und Ihren Vorlieben. Schließlich geht es darum, dass Ihnen das Werkzeug wirklich etwas bringt.

Gleich vorweg: Das eine, ultimative Zeitplan-Instrument, das sich für jede Art von Tätigkeit und für jede Persönlichkeit eignet, gibt es nicht. Und: Niemand sagt, dass Sie sich auf ein einziges Werkzeug beschränken müssen. Damit ist natürlich nicht gemeint, dass Sie Termine, Fristen und andere Informationen zweifach und dreifach aufschreiben sollen. Aber oft ist es sehr sinnvoll, mehr als ein Hilfsmittel zu benutzen und die jeweiligen Vorteile einzelner Tools zu kombinieren.

Bestimmt haben Sie unterschiedliche Arten von Informationen, die Sie erfassen wollen, um den Überblick zu bewahren, realistisch zu planen und sich selbst zu kontrollieren:

- Termine (persönliche Treffen, Telefonate, Videokonferenz)

- Abgabetermine

- große Aufgaben mit unterschiedlichen Prioritäten (zum Beispiel Besprechung vorbereiten, umfangreiches Angebot für Kunden ausarbeiten, Budget für nächstes Jahr erstellen)
- kleine Aufgaben, die sich zwischendurch erledigen lassen (telefonisch einen Termin vereinbaren, kurze E-Mails beantworten, Buchhaltungsbelege einsortieren)
- regelmäßige Aufgaben, für die Sie jeden Tag oder mehrmals pro Woche eine bestimmte Uhrzeit reservieren (administrative Tätigkeiten, Lesen von Fachliteratur, Anrufe bei Kunden)
- Ideen, die Sie festhalten möchten – solche, die Sie sofort angehen möchten, und solche, die Sie momentan noch nicht weiterverfolgen werden

Natürlich bietet es sich an, alle festen Termine in Ihrem Terminkalender zu notieren. Auch die großen Verpflichtungen, die an einen Tag, aber nicht unbedingt an eine konkrete Uhrzeit geknüpft sind (beispielsweise Deadlines oder die Arbeit an Ihrem Budget, wofür Sie mehrere Vormittage einplanen), dürfen dort nicht fehlen, weil sie ja wichtig für Ihre Gesamtplanung sind. Anders sieht die Sache aus, wenn es um Details (einzelne Arbeitsschritte) oder die vielen kleinen Aufgaben geht, die Sie zwar nicht unbedingt aus den Augen verlieren wollen, die aber im Terminkalender eigentlich nichts zu suchen haben. Selbst wenn genügend Platz dafür vorhanden sein sollte, ist diese Art von Information möglicherweise woanders besser aufgehoben oder aber gleich erledigt!

Viele kleinere Tätigkeiten im Geschäftsleben werden besser sofort erledigt als erst noch irgendwo aufgeschrieben. Nehmen wir E-Mails: Bei einer eingehenden E-Mail können Sie sofort entscheiden, ob das lediglich eine Information war (im richtigen Ordner ablegen oder Inhalt zur Kenntnis nehmen und E-Mail löschen), ob Ihre Antwort erwartet wird (Antworten, die Sie im Kopf haben, am besten sofort schreiben oder im Posteingang liegen lassen, bis Sie dazu kommen), ob es etwas ist, das Sie weiterleiten müssen (dann gleich weiterleiten!).

> **!** Vermeiden Sie es, Aufgaben, die schnell erledigt werden können, zu sammeln oder zu stapeln. Sonst sind Sie irgendwann kräftig mit dem Handling der verschiedensten Kleinigkeiten beschäftigt. Lachen Sie nicht! Sehr viele Menschen verlieren Zeit damit, dass Sie permanent To Do-Listen übertragen, Karteikarten hin- und herschieben oder auf ihrem chaotischen Schreibtisch kleine Zettelchen suchen.

Den Überblick bewahren mit To Do-Listen und Notizzetteln

Natürlich lässt sich nicht alles sofort erledigen. Die sicherste Methode, um Dinge nicht zu vergessen, ist das Aufschreiben. Lassen wir die Termine mal außen vor: Dass Sie einen festen Termin sofort in Ihren Terminkalender eintragen, ist klar – hier sollte es niemals irgendwelche Zettelchen geben! Zu groß ist die Gefahr, dass ein Termin übersehen wird. (Mehr zum Thema Kalender ab Seite 51)

In der Praxis weit verbreitet sind die To Do-Liste (oder Aufgabenliste) und die „Zettelwirtschaft". Sehen wir uns diese beiden etwas näher an.

Die To Do-Liste oder Aufgabenliste

Sie hat Vor- und Nachteile. Nach Jahren der Listenschreiberei habe ich für mich jedoch eine optimale Lösung gefunden, die Vorteile zu nutzen und die Nachteile zu verringern. Ich möchte ohne To Do-Liste nicht arbeiten: Abgesehen vom „roten Faden" in meiner Arbeit (alles Wichtige im Griff) ist es auch sehr motivierend, erledigte Aufgaben abhaken oder durchstreichen zu dürfen. Ein unmittelbarer Beweis, dass ich die mir gesetzten Ziele erreicht und die Aufgaben, die ich mir vorgenommen hatte, auch in meinem Zeitplan geschafft habe.

Aber es funktioniert natürlich auch umgekehrt: Wer Aufgaben vor sich herschiebt, hat sie durch die Liste immer vor Augen. Das motiviert und drängt regelrecht dazu, die Aufgabe anzugehen. Nur im

Kopf behalten kann bequemerweise auch dazu führen, eine Sache zu verdrängen, nur weil man sie nicht tun möchte.

Merkmale einer To Do-Liste	
Vorteile	Nachteile
▪ einfach zu handhaben ▪ alles auf einen Blick	▪ wird leicht unübersichtlich ▪ Prioritäten muss man irgendwie kennzeichnen ▪ unflexibel, wenn man nachträglich etwas ändern muss ▪ kann chaotisch sein, wenn erledigte Dinge durchgestrichen oder abgehakt werden

Ganz klar: Eine Liste ist immer nur gut dafür, momentan anstehende Aufgaben festzuhalten und abzuarbeiten. Die Planung ist für einzelne Tage geeignet – für eine langfristige Planung bitte Hände weg von Listen! Da gibt es weit sinnvollere Werkzeuge, auf die wir noch eingehen. Um auch tatsächlich effektiv mit einer To Do-Liste zu arbeiten, haben sich folgende Tipps bewährt:

- Aussagekräftige Listen machen!
  Stichworte in allen Ehren, Sie müssen aber auch später noch verstehen, was damit gemeint ist – das hat oberste Priorität. Besteht eine Aufgabe aus verschiedenen Unterpunkten, dann nehmen Sie diese mit auf – zum einen, weil Sie dann nicht einen Aspekt übersehen, zum anderen, weil Sie den Umfang der Aufgabe besser einschätzen können.

z.B.

Auf Ihrer Liste steht statt

- Web-Update

besser ausführlich

- Web-Update:
  - Buchtipps
  - Linktipps
  - Artikel/eigene:
    - To Do-Liste
    - Angst vor dem Telefon
  - Artikel Christine einbauen
    - Loyalität
    - Aufgaben einzelner kennen

- Mit der Liste nur einen kurzen Zeitraum planen
  Wer eine Endlosliste macht, die auch mit Tätigkeiten zugepflastert ist, die derzeit keine Priorität haben, tut sich keinen Gefallen: Dann wird es schnell unübersichtlich und auch frustrierend, denn Sie bekommen so das Gefühl, der Arbeit nie Herr werden zu können. Beschränken Sie sich bei Ihrer To Do-Liste, wie der Name schon sagt, auf aktuell anstehende Arbeiten. Entweder für diesen Tag oder für mehrere Tage (längstens eine Woche). Alle Punkte, die Sie nicht wirklich tun müssen, werden an anderer Stelle geparkt, damit sie nicht in Vergessenheit geraten.

- Gegebenenfalls mit zwei Listen arbeiten
  Bei mir hat es sich bewährt, mit zwei Listen zu arbeiten: Ich habe mir ein Klemmbrett zugelegt (das liegt immer obenauf und ich finde es sofort), in dem sich zwei A 4-Blätter befinden. Obenauf ist die eigentliche To Do-Liste, darunter klemmt eine zweite To Do-Liste für einen speziellen Aufgabenbereich, der häufig vorkommt. Bei mir sind das unsere Internet-Seiten. Auf dieser zweiten To Do-Liste notiere ich, nach einzelnen Webseiten unterteilt, alles, was ich in den einzelnen Aufgabenbereichen tun möchte/sollte/könnte.

- Prioritäten optisch hervorheben
  Bringen Sie auch optisch eine Ordnung in Ihre Liste: Damit Sie sehen, welche der Aufgaben dringender ist. Dafür eignen sich Symbole oder Farben. Machen Sie aber bitte keine Wissenschaft daraus!

- Liste übersichtlich gestalten
  Es gibt verschiedene Meinungen zur optimalen Gestaltung einer Liste. Wenn es für Sie gut ist, dann schreiben Sie zu jeder einzelnen Aufgabe das Datum mit dazu, machen Sie extra Spalten, wann was erledigt sein soll.

„Keep it simple“ kann ich Ihnen nur raten. Bei mir hat sich eine fortlaufend, nach Wochentagen sortierte Liste bewährt (siehe Abbildung nächste Seite). Notiert wird nur mit Bleistift. Entscheide ich mich dazu, etwas heute nicht mehr zu erledigen, wird es sofort auf den entsprechenden nächsten Termin übertragen.

Erledigte Aufgaben können Sie durchstreichen oder abhaken. Wenn Sie lieber abhaken, sind kleine Kästchen übersichtlicher als Spiegelstriche oder Gliederungspunkte. Der Vorteil, wenn Sie mit Bleistift notieren, ist, dass Sie Aufgaben wegradieren können. Das erleichtert nicht nur den Überblick, sondern motiviert auch, weil die Liste sichtbar kürzer wird.

Montag	Dienstag	Mittwoch	laufend/künftig
❑	❑	❑	
❑	❑	❑	
❑	❑	❑	
❑	❑	❑	
❑	❑	❑	
❑	❑	❑	
❑	❑	❑	
❑	❑	❑	
❑	❑	❑	
❑	❑	❑	
❑	❑	❑	
Donnerstag	Freitag	Wochenende	
❑	❑	❑	
❑	❑	❑	
❑	❑	❑	
❑	❑	❑	
❑	❑	❑	
❑	❑	❑	
❑	❑	❑	
❑	❑	❑	
❑	❑	❑	
❑	❑	❑	
❑	❑	❑	

Wenn Ihre To Do-Liste Sie überwältigt

Kennen Sie das: Das Verhältnis der zur Verfügung stehenden Zeit und der zu erledigenden Tätigkeiten ist jenseits von Gut und Böse. Unabhängig davon, dass Sie sich besser organisieren können und auch wollen, hilft alles nichts, wenn Sie akut in so einer Situation stecken. Das Gefühl des Überwältigtseins („Das schaffe ich nie!") kommt in der Regel, weil Sie den Abstand nicht mehr haben. Alle Aufgaben/Verpflichtungen stürmen auf Sie ein, Sie sehen buchstäblich kein Land mehr – und dann kommt die Krise.

Einen schönen Tipp habe ich kürzlich in einer Zeitschrift gelesen: „Nur eine Viertelstunde". Nehmen Sie sich eine Aufgabe, die Sie nicht beginnen wollen oder schon ewig vor sich herschieben, und sagen Sie sich: Daran arbeite ich jetzt mal nur eine Viertelstunde. Nach dieser vorgenommenen Viertelstunde dürfen Sie aufhören, wenn Sie möchten. Dann sind Sie zumindest einen Schritt weiter. Meist macht man dann aber doch weiter, weil man „eh schon dabei ist" und merkt, dass es gar nicht so schlimm ist, das jetzt zu erledigen.

Und: Verschaffen Sie sich einen Überblick über das, was Sie tun müssen, untergliedern Sie das Ganze dann aber in kleine und überschaubare Schritte. So wird die Sache auch in Ihrem Kopf klarer und strukturierter. Sie wissen, dass Sie sie bewältigen können – Schritt für Schritt. So vermeiden Sie, dass sich Panik oder Resignation breitmachen.

Die „Zettelwirtschaft"

Schreiben Sie auf Zettel? Auf Karteikarten, Post-its, Bierdeckel, Kassenbons? Im Prinzip gut: Denn das zeigt, dass Sie Gedanken und Ideen gleich festhalten. Zettel haben allerdings auch ihre Tücken, besonders wenn Sie planlos produziert und gesammelt werden.

„Zettelwirtschaft" (lose Blätter, Haftzettel mit Notizen)	
Vorteile	Nachteile
■ einfach und praktisch ■ preisgünstig ■ man braucht keine Struktur auszuarbeiten ■ man kann jederzeit – auch unterwegs – schnell was notieren ■ man kann sie irgendwohin pinnen oder an PC haften, sichtbar machen ■ sie lassen sich einfach wegwerfen, wenn sie nicht mehr aktuell sind	■ Gefahr, dass sich Zettel ansammeln und zum undurchsichtigen Stapel werden ■ Prioritäten nicht auf Anhieb erkennbar ■ Außenstehende blicken möglicherweise nicht durch, können also auch nicht helfen ■ unter Umständen sucht man sehr lange nach einer bestimmten Notiz ■ Gefahr, dass das eine oder andere einfach verschütt geht und man Deadlines verpasst ■ schlecht für die Motivation, weil der richtige Durchblick fehlt ■ man muss Dinge mehrfach schreiben (z. B. Termin in Terminkalender eintragen)

Zettelwirtschaft, also ein Chaos wilder Zettelstapel, ist definitiv nicht zu empfehlen. Wenn Sie jedoch eine sinnvolle Struktur in Ihre Notizen bringen, ist dieses Werkzeug sehr nützlich. Man muss sich nur etwas einfallen lassen, um die Nachteile auszugleichen.

Was Art und Format der Zettel betrifft, ist es auf jeden Fall empfehlenswert, dass Sie sich für ein möglichst einheitliches System entscheiden. Damit meine ich, dass Sie beispielsweise Karteikarten nutzen, die vom Format passend sind (hängt davon ab, wie Sie die Zettel „weiterverarbeiten") und von Haus aus verschiedene Farben – mit jeweils einer bestimmten Bedeutung (Farbencode) – bereithalten. Dann sind Ideen vielleicht grün, wichtige (aber nicht dringende) Aufgaben blau, und rot steht für Dringendes. Dadurch können Sie auf einen Blick sehen, womit Sie es zu tun haben. Haftzettel-Freunde können übrigens auch auf farbige Post-its zurückgreifen. Wem die bunten zu teuer sind, der kann auch mit weißen, gelben und Recycling-Haftzetteln arbeiten.

! Sie sollten es sich übrigens zur Gewohnheit machen, immer etwas zum Schreiben dabeizuhaben. Sollten alle Stricke reißen, und Sie nichts zum Schreiben zur Hand haben, Ihnen aber etwas Wichtiges einfällt, dann rufen Sie sich selbst an und hinterlassen einfach eine Nachricht für sich auf dem Anrufbeantworter.

Wenn Sie nur wenige aktuelle Notizen haben, dann können sie durchaus auf Ihrem Schreibtisch liegen. Oder auch auf dem Monitor kleben. Das wird jedoch schnell unübersichtlich, wenn Sie ein „Zettelfreund" sind und viel gleichzeitig zu jonglieren haben. In letzterem Fall empfiehlt sich folgende Methode: Sie können sich ein auf Ihre ganz individuellen Bedürfnisse zugeschnittenes System basteln, beispielsweise auf einer Pinnwand. Überlegen Sie sich ein paar Kategorien, die wich tig und sinnvoll für Ihre Arbeit sind. Schreiben Sie diese Begriffe auf große Haftzettel und strukturieren Sie damit Ihre Pinnwand. Das könnte so aussehen:

Anrufen	Bearbeiten	E-Mails schreiben	Ideen
Kaufen	Nachdenken		

Sie können die Überschriften natürlich beliebig wählen: Vielleicht möchten Sie eine Kategorie „Heute“ haben, damit Sie auf den ersten Blick sehen, was nicht warten kann.

Pinnen Sie Ihre Aufgaben unter die jeweilige Kategorie. Wenn es einen Endtermin für die eine oder andere Sache gibt, schreiben Sie das Datum mit drauf. Der Vorteil dieses Systems ist – neben der Tatsache, dass Sie Ihre Aufgaben immer klar strukturiert vor Augen haben – seine hohe Flexibilität: Sie können Ihre Struktur jederzeit ganz einfach ändern und die Kategorien ständig an Ihre jeweiligen Bedürfnisse anpassen. Wenn Sie etwas erledigt haben, entfernen Sie die Haftzettel einfach wieder.

> **!** Die Zettel mit regelmäßig wiederkehrenden Aufgaben können Sie irgendwo „parken“ und bei Bedarf wieder verwenden. So brauchen Sie sie nicht immer neu schreiben.

Zeitplanbücher & Co.

Hier eine kurze – keineswegs vollständige – Liste gängiger Hilfsmittel für die Zeitplanung, jeweils mit den auffälligsten Vor- und Nachteilen. Und mit Anregungen, was man daraus machen kann. (Ergänzend dazu siehe den Abschnitt „Werkzeug Computer“ ab Seite 96.)

- Reiner Terminkalender/Taschenkalender
- Wandkalender
- Zeitplanbücher
- Elektronische Zeitplanung

Reiner Terminkalender/Taschenkalender

Handlich und praktisch ist er, der Taschenkalender. Genau das richtige Werkzeuge, wenn Sie unterwegs nur über Ihre Termine Bescheid wissen möchten.

Terminkalender (Taschenkalender)	
Vorteile	Nachteile
■ kann man überall mitnehmen ■ leicht und einfach zu handhaben ■ viele Varianten für unterschiedliche Platzbedürfnisse	■ Korrekturen sichtbar (durchgestrichen) – außer Sie schreiben konsequent mit Bleistift ■ begrenzter Platz ■ wird leicht unübersichtlich, wenn außer Terminen unterschiedlichste Dinge eingetragen werden ■ regelmäßig wiederkehrende Termine müssen einzeln eingetragen werden

Format und Umfang des Kalenders und auch der Kalenderblätter richten sich nach Ihren individuellen Bedürfnissen. Es gibt Selbstständige, die wunderbar mit einem Mini-Kalender auskommen, bei dem ein ganzer Monat auf einer Seite ist und nur kleine Zeilen pro Tag zur Verfügung stehen. Sehr praktisch ist das Format „Eine Woche auf einer Seite“, weil die Übersicht über die Woche gewährleistet ist. Wer viele Termine pro Tag hat, ist sicher mit einem „Ein Tag auf einer Seite“-Kalender am besten bedient. Hier gilt wieder: Eine allgemeine Empfehlung gibt es nicht – dafür aber ein umso breiteres Angebot.

! Kaufen Sie nie einen Kalender „blind“. Kaufen Sie den Kalender immer selbst und sehen Sie sich in verschiedenen Geschäften um. Zum Teil gibt es Ausführungen, die man noch nicht kennt – nur aus Gewohnheit immer den alten Kalender zu kaufen, wäre schade. Wenn Sie sich nach einer Orientierung über das Angebot für die bewährte Ausführung entscheiden, wunderbar. Aber verpassen Sie nicht versehentlich eine bessere Variante.

Übrigens: Wer nicht weit im Voraus plant, kann Kalender deutlich günstiger einkaufen, wenn das neue Jahr bereits begonnen hat. Lohnt sich verstärkt für Unternehmen, die jedem Mitarbeiter einen Kalender zur Verfügung stellen. Ansonsten: Bitte nicht am Kalender sparen. Es handelt sich hier um ein zentrales Werkzeug für Ihre Arbeit. Wenn der für Sie optimale Kalender etwas mehr kostet, dann tut er das! Das rechnet sich schnell, wenn Sie gut, gerne und besser damit arbeiten können.

Wandkalender

Wandkalender gibt es nicht nur in Papierform, sondern auch als Magnet-/Schreibtafeln. Auch hier lohnt es sich, die verschiedensten Büromaterial-Kataloge zu durchforsten: Es gibt unterschiedliche Designs/Layouts für die verschiedensten Bedürfnisse.

Wandkalender (das ganze Jahr auf einen Blick)	
Vorteile	Nachteile
■ guter Überblick über langen Zeitraum ■ immer vor Augen, schnelle Orientierung möglich ■ auch andere (Mitarbeiter) haben alles vor Augen	■ fester Platz, unflexibel ■ Korrekturen sichtbar (durchgestrichen) – außer Sie schreiben konsequent mit Bleistift ■ begrenzter Platz für Notizen ■ wird leicht unübersichtlich, wenn unterschiedlichste Dinge eingetragen werden

! Um Korrekturen überflüssig zu machen, können Sie Haftzettel benutzen, anstatt direkt auf den Kalender zu schreiben. So sind Änderungen und Verschiebungen überhaupt kein Problem und hinterlassen keinerlei Spuren: Sie kleben die Zettel einfach um. Auch hier können Sie sehr gut mit Farbencodes arbeiten – so sehen Sie auf den ersten Blick, um welche Art von Termin oder Frist es sich handelt.

So ein Wandkalender kann – abgesehen von der guten Übersicht über laufende Aktionen und Projekte – sehr gut für Ihre Motivation sein. Weil man beispielsweise auf einen Blick sehen kann, wie viele Termine bereits feststehen – wie gut das Geschäft also läuft. Und weil man einen Überblick darüber hat, wie viel man bisher schon geschafft hat.

Gerade wenn Sie an großen Projekten arbeiten, die in Etappen mit bestimmten Abgabeterminen untergliedert sind, ist es sehr angenehm, das Gesamtbild vor Augen zu haben. Auch um einen Überblick über große und außergewöhnliche Ereignisse – wie Messen oder bestimmte Werbemaßnahmen – zu haben, eignet sich der Wandkalender sehr gut. Natürlich müssen Sie alles, was Sie für die aktuelle Terminplanung wissen müssen, in das entsprechende Tool eintragen – auch wenn Sie unterwegs sind oder jemand anderes Ihre Termine regelt.

Wenn Sie häufig komplexe Projekte in Ihrem Unternehmen bearbeiten, kann sich eine Projektsoftware für Sie lohnen. (Mehr dazu auf Seite 104)

! Es gibt Wandkalender, die statt 12 Monaten 15 Monate anzeigen. Wer also immer etwas weiter im Voraus plant, ist mit einer Übersicht, die zum Jahreswechsel auch das erste Quartal des Folgejahres anzeigt, eventuell besser bedient.

Zeitplanbücher

Zeitplanbücher oder Zeitplansysteme (meist werden sie einfach Timer oder Filofax genannt) gibt es in verschiedenen Ausführungen.

Zeitplanbücher	
Vorteile	Nachteile
■ gibt es für unterschiedlichste Bedürfnisse, was Platz, Themen und Zeiteinteilungen betrifft ■ sehr differenziert: breite Auswahl an unterschiedlichen Formularen, Info-Einlagen und Formularen ■ Zeitplanbücher sind „kleine Büros“: Termine, Kalender, Adressen, Gesprächsnotizen, Visitenkarten-Halter	■ je nach Format unhandlich ■ je nach Fülle: schwer! ■ regelmäßig wiederkehrende Termine müssen einzeln eingetragen werden ■ zu ausgefeilt für viele: breites Spektrum an Vorlagen und Möglichkeiten, die gar nicht genutzt werden ■ können als „Korsett“ empfunden werden

Nichts gegen ausgefeilte Zeitplaninstrumente! Wenn sie Ihren Bedürfnissen entgegenkommen und Sie bei Ihrer Arbeit unterstützen, sind sie wunderbar. Es gilt wieder: Finden Sie ein Zeitplanbuch, das Ihren Bedürfnissen und Ihrer Arbeitsweise entspricht.

Wenn Sie mit so einem Mini-Büro das ganze Jahr über arbeiten, dann müssen Sie sich auch regelmäßig um dessen Zustand kümmern. Das bedeutet, die vergangenen Monate regelmäßig aus dem Kalender zu entfernen und gegebenenfalls bis zum Jahresende separat zu lagern (um etwas nachzulesen). Dadurch brauchen Sie das Vergangene nicht ständig mit sich herumtragen. Außerdem sollten Sie den Adressteil stetig aktualisieren: Adressänderungen sofort machen, Visitenkarten oder Adressen, die Sie nicht mehr brauchen, aussortieren.

Übrigens: Es lohnt sich, die Adressformulare mit dem PC zu erstellen. Wenn es eine Änderung gibt, brauchen Sie nicht alles mit der Hand abzuschreiben, sondern können die Korrektur im Computer vornehmen und einfach noch einmal ausdrucken. Formulare oder Informationsblätter, die Sie nicht brauchen, werden am besten direkt am Jahresbeginn aussortiert. Halten Sie Ihren Begleiter in Schuss und müllen Sie ihn nicht zu (weder aktiv noch durch Vernachlässigung)!

! Die Anbieter von Zeitplanbüchern bieten ihre eigenen Einlageblätter an. Nicht immer sind diese jedoch nach Ihrem Geschmack. Sehen Sie sich auch bei anderen Anbietern um und stellen Sie sich Ihren optimalen Planer zusammen. Von vielen gibt es mittlerweile auch eine Standardlochung, die überall passt. Alternativ dazu können Sie sich auch einen entsprechenden Locher besorgen, der die individuelle Lochung Ihres Zeitplansystems beherrscht, und so Fremd-Formulare oder selbst erstellte Einlageblätter benutzen. Für den Adressteil sind Plastiktaschen für Visitenkarten eine sinnvolle Ergänzung.

Elektronische Zeitplanung

Es gibt sehr gute elektronische Kalender. Dennoch liegt auch hier das alleinige Heil nicht im Computer. Mit dem „Print-Kalender“ sind Sie unabhängig vom Computer. Es gibt noch die Alternative „Handheld“, diese kleinen elektronischen Helfer sind jedoch nicht jedermanns Sache. Auch in dieser Beziehung ist es wichtig, dass Sie für sich herausfinden, wofür Sie den Kalender nutzen und dann Ihre eigene Arbeitsweise mit dem sinnvollsten Medium verknüpfen. So praktisch elektronische Kalender sind, kann es genauso gut sein, dass Sie mit dem herkömmlichen Tischkalender wunderbar arbeiten.

Bevor wir das Thema vertiefen, hier eine kleine Übersicht über Vor- und Nachteile:

Zeitplanung mit dem PC	
Vorteile	Nachteile
■ viel Platz ■ alles an einem Ort gespeichert ■ auch für andere zugänglich, wenn vernetzt ■ man kann sich akustisch/visuell erinnern lassen ■ wiederkehrende Termine müssen nur einmal eingetragen werden ■ Korrekturen/Verschiebungen per Mausklick ■ ein Handheld/PDA (Personal Digital Assistant) ist flexibel und gut zu transportieren ■ vielfältiges Angebot an Zusatzfunktionen/-software	■ unflexibel, kann man nicht mitnehmen, außer Sie arbeiten zusätzlich mit einem Handheld-PC (oder auch Mobiltelefon mit entsprechenden Kalenderfunktionen) ■ man ist auf den Computer angewiesen ■ eintragen und nachschauen kann länger dauern als mit manuellem System

! Wichtig: Backup, Backup, Backup! Wenn irgendwas mit Ihrem elektronischen Zeitplaner passiert, verlieren Sie alles, was Sie nicht regelmäßig gespeichert haben (siehe auch Seite 100 ff.).

Ein absolut schlagkräftiges Argument für den elektronischen Kalender ist, wenn in Ihrem Unternehmen mehrere Leute über die Termine der einzelnen Kollegen Bescheid wissen sollten. Stellen Sie sich dann aber möglichst komplett auf den elektronischen Zeitplaner um – sonst haben Sie schnell das Problem der doppelten Kalenderführung und sind entweder ständig am Übertragen von Terminen oder treffen zeitgleiche Vereinbarungen, die Sie dann erst wieder absagen/verschieben müssen.

Ein weiterer Pluspunkt von elektronischen Kalendern ist, dass Sie dauerhafte Termine nur einmalig eintragen müssen und diese dann automatisch mehrfach erscheinen. Außerdem werden Sie nach Wunsch an Termine erinnert. Besonders schön sind auch Aufgabenlisten (To Do-Listen), die Sie nach Prioritäten sortieren und terminieren können. Die Aufgaben erscheinen dann deutlich sichtbar im Kalender und können auch unterschiedlich markiert oder aber nach vorne und hinten verschoben werden.

Wenn Sie mit einem Handheld-PC arbeiten (auch PDA, „Personal Digital Assistant"), können Sie in der Regel problemlos die Daten mit Ihrem Rechner austauschen. Es ist dann nur wichtig, das auch regelmäßig zu tun, sonst führen Sie am Ende einen doppelten Kalender, der zu Missverständnissen führt.

! Wenn Sie sich in puncto Software oder auch Hardware informieren möchten, dann lohnt es sich, vor dem Kauf in eine entsprechende Fachzeitschrift zu schauen: Dort werden regelmäßig Geräte und Programme getestet und kommentiert. Außerdem ist eine persönliche Empfehlung oder Demonstration natürlich schön – wenn Sie jemanden kennen, der bereits mit Software/Hardware arbeitet, für die Sie sich interessieren, fragen Sie dort doch einmal nach und lassen Sie sich Vor- und Nachteile nennen. Selbstverständlich sollte jedes Fachgeschäft Ihnen auch gerne eine Produkt-Demo geben. Weitere Tipps erhalten Sie, wenn Sie Internetzugang haben, über Meinungsforen. Im Anhang finden Sie einige Hinweise dazu.

Kaufen Sie nie unmittelbar nach einer Produkt-Demonstration! Machen Sie sich Notizen über die Möglichkeiten, nehmen Sie sich Produktinformationen mit – und gehen Sie diese in Ruhe noch einmal durch. Nur wenn Sie sich Ihre eigenen Anforderungen und die Arbeitsweise vergegenwärtigen, werden Sie eine gute und überlegte Entscheidung treffen.

Wofür auch immer Sie sich entscheiden sollten: Wichtig ist, dass Ihr(e) Zeitplanungsinstrument(e) Ihnen die Arbeit erleichtern und

Sie dabei unterstützen, den Durchblick zu bewahren und sinnvoll zu planen.

Und: Managen müssen Sie Ihre Zeit selbst, das kann auch das beste Hilfsmittel nicht für Sie erledigen.

Sie müssen nicht alles selbst machen

Spätestens dann, wenn Ihnen die Arbeit über den Kopf zu wachsen droht, sollten Sie darüber nachdenken, ob Sie wirklich alles alleine machen müssen. Schließlich hat niemand etwas davon, wenn Sie nur noch Krisenmanagement betreiben und versuchen, alles irgendwie auf die Reihe zu bekommen: Ihre Termine einzuhalten, Ihre unmittelbar gewinnbringende Arbeit zu erledigen und am Wochenende oder bis spät in die Nacht die allernötigsten anderweitigen Tätigkeiten zu erledigen. Das Risiko, dass die Qualität Ihrer Arbeit nachlässt und Sie aufgrund des großen Druckes weniger souverän und professionell wirken, ist sehr groß.

Wenn die Arbeit einem über den Kopf zu wachsen droht, muss etwas passieren. Um effektiver zu sein und die immer knapper werdende Zeit intensiv zu nutzen, scheint es in dieser Situation – wenn einem das Wasser bis zum Halse steht und man sich entsprechend fühlt – nur einen einzigen Ausweg zu geben: Prioritäten zu setzen und nur das zu tun, was im Moment einfach getan werden muss. Sprich: volle Konzentration auf das Dringende. Als Folge davon wird alles, was nicht in diese Kategorie fällt und im Moment nicht überlebensnotwendig ist, beiseite geschoben und vernachlässigt. Und was liegt näher, als die gesamten administrativen Aufgaben, Korrespondenz und alles andere, was nicht unmittelbar getan werden muss, aufzuschieben? Jeder, der schon mal selbst in einer solchen Situation war, kann das nachvollziehen. Und trotzdem ist es der am wenigsten sinnvolle Weg. Weil man immer tiefer in die Spirale „dringend dringend dringend" reinkommt und wichtige Hintergrundarbeit immer länger liegenbleibt, was fatale Folgen haben kann.

Der einzige längerfristig sinnvolle Weg, um die Zügel wieder zurückzubekommen – oder um sie erst gar nicht zu verlieren –, sieht so aus:

- eine Auszeit nehmen und sich einen Überblick über die eigenen Aufgaben schaffen
- Systematik in die Sache bringen und entscheiden, was wichtig und was dringend ist
- die Tätigkeiten einteilen in solche, die Sie auf jeden Fall selbst erledigen müssen, und in solche, die Sie an jemand anderen (auch wenn Sie noch niemanden haben) abgeben können

Das Wichtigste ist jetzt – wie in allen richtigen Stressphasen –, einen Schritt zurückzutreten und Distanz zur eigenen Situation zu gewinnen, um kreativ und überlegt kurzfristige Lösungen und langfristige Strategien auszuarbeiten.

! Den meisten Menschen fällt es sehr schwer, den nötigen Abstand zu schaffen. Lassen Sie sich von anderen helfen und nutzen Sie deren Objektivität und Unvoreingenommenheit, um wieder klarer zu sehen. Oft reicht eine einzige Frage oder eine winzige Anregung von außen, um zu erkennen, in welcher Art von Sackgasse man steckt und wie man rauskommen kann.

Sie werden sehen: Allein die Überzeugung, dass Sie tatsächlich nicht immer alles alleine machen müssen, wird schon ein großes Stück Erleichterung bringen. Der nächste Schritt besteht darin, sich intensiv mit den Aufgaben auseinander zu setzen, die Sie abgeben könnten. Und zu klären, welche Erwartungen Sie an Ihren zukünftigen Mitarbeiter oder Dienstleister haben.

- Welche Aufgaben müssen unbedingt bei Ihnen selbst bleiben? Welche Tätigkeiten können und sollten Sie abgeben? Meistens sind das Routineaufgaben wie Ablage, Korrespondenz, Buchhaltung, Erfassen und Verwalten von Geschäftsdaten im Computer.

- Was ist sinnvoller: die Aufgabe/n outzusourcen – also ein anderes Unternehmen damit zu beauftragen – oder einen Mitarbeiter dafür einzustellen? Können Sie die nötigen Unterlagen außer Haus geben (zum Beispiel bei Buchhaltung und Steuersachen) oder ist es besser, wenn jemand zu Ihnen kommt (zum Beispiel Verwaltung von Daten, Anrufe bei Kunden)?

- Wie viel Zeit muss für diese Tätigkeiten aufgewendet werden, damit sie gut und in Ihrem Sinne ausgeführt werden? In welchem Rhythmus sollen sie gemacht werden (einmal im Monat oder in der Woche, täglich? Wie viele Stunden? Welcher Tag, welche Uhrzeit ist am besten?)

- Welche Fähigkeiten muss derjenige haben, der die Aufgaben übernimmt? Denken Sie nicht nur an fachliche Kenntnisse (Tippen: mindestens 300 Anschläge pro Minute, verknüpfte Tabellen und aussagekräftige Diagramme in MS Excel® erstellen), sondern auch an persönliche Qualitäten. Was erwarten Sie von Ihrem Mitarbeiter? Mit welcher Art von Persönlichkeit kommen Sie am besten zurecht? Vielleicht sind Sie viel unterwegs und darauf angewiesen, dass Ihr Mitarbeiter schnell sehr eigenverantwortlich arbeiten kann. Vielleicht geht es hauptsächlich um die Eingabe von Daten in den PC: Dann brauchen Sie jemanden, der gerne solche Verwaltungsarbeiten erledigt und sich gut konzentrieren kann.

- Wenn Sie eine bestimmte Aufgabe outsourcen wollen: Was erwarten Sie sich von Ihrem Geschäftspartner? Wie sollte die Zusammenarbeit aus Ihrer Sicht idealerweise aussehen: organisatorisch, inhaltlich und auch persönlich?

Egal, ob Sie eine Vollzeitkraft einstellen oder jemanden für ein paar Stunden im Monat beschäftigen: Allein die Tatsache, dass Sie nicht mehr alleine sind, heißt nicht automatisch, dass Sie entlastet werden und mehr Zeit für Ihre eigentlichen Aufgaben haben. Eine zusätzliche Person kann zusätzliche Arbeit und sogar eine Mehrbelastung bedeuten, wenn Sie die oben genannten Dinge nicht klären und Ihrer Entscheidung zugrunde legen. Wenn Sie jemanden einstellen, der dann den Anforderungen nicht gewachsen ist,

ist Ihnen nicht damit geholfen. Genauso wenig Sinn hat es, wenn Sie einen Geschäftspartner wählen, der qualitativ weit unter Ihren Erwartungen bleibt.

> **!** Wenn Sie eine Aufgabe outsourcen, sollten Sie im Vorfeld Ihre Erwartungen klarmachen und alle Details der Zusammenarbeit besprechen. Genauso wie Sie sich um einen Mitarbeiter und seine Leistungen kümmern sollten, dürfen Sie auch einen externen Dienstleister nie aus den Augen verlieren. Pflegen Sie den Kontakt, sprechen Sie über die Qualität der Dienstleistung und der Zusammenarbeit. Stellen Sie sicher, dass Ihr Geschäftspartner seine Versprechungen einhält und die Leistungen in Ihrem Sinne sind.

Doch auch ein super Mitarbeiter bringt nicht die nötige Entlastung, wenn bestimmte Voraussetzungen fehlen. Um sicherzustellen, dass Sie die Potenziale Ihrer Leute auch nutzen und um einen zusätzlichen „Zeitdieb" zu verhindern, können Sie Folgendes machen:

- Investieren Sie ausreichend Zeit, um den Mitarbeiter fundiert und detailliert einzuarbeiten. Je besser der Mitarbeiter Ihr Unternehmen und die Arbeit versteht, je klarer die Zusammenhänge sind, umso schneller ist er voll einsatzfähig und eine echte Entlastung für Sie.

- Stellen Sie sicher, dass Ihr Mitarbeiter auch alles richtig verstanden hat und die Aufgaben tatsächlich selbstständig erledigen kann. Sie können einen Test durchführen oder sich vom Mitarbeiter alles erklären und zeigen lassen, was er gelernt hat.

- Geben Sie klare Anweisungen und sagen Sie offen und deutlich, welche Erwartungen Sie haben. Was genau erwarten Sie wann und in welcher Form? Vermeiden Sie schwammige Anweisungen wie „Machen Sie das mal irgendwie ..." Machen Sie auch deutlich, welche Dinge Sie auf jeden Fall selbst erledigen oder entscheiden wollen. Vereinbaren Sie, in welchen Fällen Sie eine Rücksprache wollen und wann der Mitarbeiter selbst entscheiden soll und kann. So verhindern Sie ständige Rückfragen, Missverständnisse und Doppelarbeit.

- Sie sollten – ganz besonders in der Anfangsphase – greifbar und für Fragen offen sein. Unterstützen Sie den Mitarbeiter, um den Einarbeitungsprozess zu beschleunigen und Fehler zu vermeiden.

- Bleiben Sie mit Ihrem Mitarbeiter in regelmäßigem Kontakt und geben Sie Feedback. Weisen Sie auf Fehler hin und gehen Sie diesen auf den Grund, um sie so schnell wie möglich auszumerzen.

- Kommunizieren Sie regelmäßig! Sorgen Sie für reibungslosen Informationsaustausch und geben Sie wichtige Informationen – zum Beispiel die eigenen Termine – weiter, damit der andere seinen Job gut machen kann.

Auch wenn Sie Aufgaben outsourcen, sollten Sie sich überlegen, wie die Zusammenarbeit optimal gestaltet werden könnte. Sprechen Sie mit Ihren Geschäftspartnern darüber, wie Sie sich gegenseitig das Leben leichter machen können. Das kann sich sehr wohl auch in niedrigeren Kosten auswirken. Zum Beispiel, wenn Sie keine unsortierten Stapel weitergeben, sondern von vornherein eine sinnvolle Struktur reinbringen – sinnvoll für denjenigen natürlich, der die Sache weiterbearbeitet. Wenn die zu archivierenden Unterlagen bereits vorsortiert sind, geht natürlich das Ablegen an sich deutlich schneller. Wenn Sie die Belege für die Buchhaltung gleich ausfüllen, datieren, unterschreiben und fortlaufend sortieren, anstatt eine chaotische Schachtel abzugeben, spart das viel Arbeit und reduziert Ihre Kosten.

Denken Sie auch an temporäre Mitarbeiter und Geschäftspartner. Gerade wenn Sie Einzelkämpfer sind, müssen Sie im eigenen Interesse und in dem Ihrer Kunden für die Zeiten gerüstet sein, wo Sie Urlaub machen, zusätzliche Unterstützung brauchen, weil Ihre Auftragslage so gut ist, oder aber krankheitsbedingt ausfallen. Es ist wichtig, diesen „jemand“ zu finden, bevor der Ernstfall eintritt.

Büroorganisation

Alles im Griff: Schreibtisch und Arbeitsplatz

Kennen Sie den Spruch: Wie es auf Ihrem Schreibtisch aussieht, so sieht es auch in Ihrem Kopf aus? Sicherlich ist viel Wahres dran. Denn so unterschiedlich die Menschen im Kopf sind, so unterschiedlich sieht es auf ihren Schreibtischen, an ihren Arbeitsplätzen aus. Immer wieder geht die Diskussion um die „Volltischler" und die „Leertischler" und welcher der beiden Arbeitsstile aus welchem Grunde dem anderen überlegen ist. Sind „Volltischler" die kreativeren Menschen, denen ein aufgeräumtes und strukturiertes Umfeld vollständig gegen ihre freiheitsliebende Natur geht? Oder sind sie einfach Chaoten, denen der Durchblick fehlt? Und die mit dem aufgeräumten Arbeitsplatz: Sind diese „Leertischler" Organisationsgenies, die alles unter Kontrolle haben, die Zeit immer effizient nutzen und deshalb all denen überlegen, die einen weniger aufgeräumten Arbeitsplatz haben? Oder sind sie einfach nur Ordnungsfanatiker und ziemlich unkreativ?

So interessant diese Diskussion auch sein mag, sie und alle damit verbundenen guten Ratschläge helfen dem Einzelnen nicht wirklich weiter. Denn jeder ist nun mal so, wie er ist. Was natürlich nicht heißt, dass sich gar nichts ändern und verbessern ließe! Aber es hat wenig Sinn, sich radikal ändern oder vollständig umkrempeln zu wollen. Und einen Arbeitsstil anzustreben, der einfach nicht zu einem passt und den man deshalb nicht lange durchhalten wird. Der Misserfolg ist hier einfach vorprogrammiert. Aber es gibt einige

Zustände, die man im eigenen Interesse vermeiden sollte. Und andere, die man anstreben sollte, um sich selbst das Leben zu erleichtern und einfach besser arbeiten zu können. Denn stundenlang nach Unterlagen zu suchen, die „irgendwo in einem von den Stapeln da sein müssen", am Telefon nicht sofort die richtige Auskunft geben zu können, weil man die Datei gerade nicht findet, macht niemandem Spaß. Wie man diese Dinge in den Griff bekommen kann, dafür gibt es unterschiedliche Wege und Möglichkeiten.

In diesem Abschnitt geht es darum, wie Sie

- einen clever geordneten Schreibtisch schaffen;
- Altlasten wie Stapel, Berge und „Wanderdünen" in den Griff bekommen;
- überquellende Eingangskörbchen vermeiden.

Ein clever geordneter Schreibtisch

Kleine und regelmäßige „Zeitdiebe" wie beispielsweise die Suche nach der Schere oder das Durchwühlen der Schreibtischschubladen, weil die kleine Briefwaage dort irgendwo sein muss, werden häufig außen vor gelassen. Aber sie können sich beachtlich summieren und letztlich eine Menge Zeit kosten. Sie sollten auch nicht unterschätzen, wie negativ sich diese Unterbrechungen auf Ihre Konzentration auswirken können. All das geht zu Lasten Ihrer Effektivität.

Es lohnt sich, Ihren Schreibtisch – sowohl die Arbeitsfläche als auch die Schubladen – so zweckmäßig wie nur möglich einzurichten und Ordnung zu halten:

- Alle Arbeitsmittel, die Sie für Ihre tägliche Arbeit brauchen, immer griffbereit haben (Papier, funktionierendes Schreibmaterial, Terminkalender, Büroklammern, Tesa). So kann es Ihnen nicht passieren, dass Sie ein Telefongespräch unterbrechen müssen, um erst mal einen funktionierenden Stift und einen Zettel zu suchen. Abgesehen davon, dass das Zeit kostet, machen Sie damit nicht gerade einen sehr professionellen Eindruck.

- Alle nicht permanent benötigten Arbeitsmittel schnell auffindbar verstauen (Hefter, Schere, Locher, Briefwaage). Alles sollte seinen festen Platz haben und nach jedem Gebrauch wieder zurückgelegt werden. Der Vorteil von aufgeräumten und klar strukturierten Schubladen ist, dass sich auch andere Leute – beispielsweise Ihre Vertretung – an und in Ihrem Schreibtisch zurechtfinden und problemlos arbeiten können.

- Genügend freie Fläche schaffen, um ungehindert arbeiten zu können. Egal ob Sie schreiben, eine Menge von Unterlagen sichten müssen oder etwas verpacken wollen: Schaffen Sie erst mal Platz. So verhindern Sie auch, dass herumliegende Papiere oder dergleichen versehentlich irgendwo dazwischen geraten.

- Das Telefon so platzieren, dass Sie bequem telefonieren können.

- Sich die Arbeit durch Hilfsmittel wie eine Pinn- oder Magnetwand erleichtern. Hier können Sie beispielsweise wichtige und regelmäßig benötigte Informationen anbringen und so jederzeit darauf zugreifen.

> ! Gewöhnen Sie es sich an, Ihren Arbeitsplatz jeden Abend aufzuräumen und das ganz bewusst als Abschluss des Arbeitstages zu erleben. Die Ordnung und Überschaubarkeit geben einem das Gefühl, etwas geleistet und geschafft zu haben. So fällt es viel leichter, richtig abzuschalten und den Feierabend auch zu genießen.

Stapel, Berge und „Wanderdünen" in den Griff bekommen

Manche Dinge, die nicht so ganz dringend sind, wird man später mal erledigen. So entsteht ein erster Stapel, der natürlich immer größer wird. Schließlich werden zwei daraus und so weiter. Das Schlimme an diesen Bergen ist, dass sie einerseits durch ihre Masse abschrecken und einem die Lust aufs Aufräumen sehr stark vermiesen („Das schaffe ich ja nie, das alles aufzuräumen!"). Und gleichzeitig dazu einladen, immer mehr draufzulegen („Darauf kommt es jetzt auch nicht mehr an. Ist sowieso schon ein Riesenberg!“). Vorsicht vor diesem Teufelskreis!

> **!** Testen Sie sich mal selbst und kleben oder malen Sie eine Zeitlang farbige Punkte auf alles, was Sie in die Hand nehmen, ohne etwas damit anzufangen, sprich: ohne die Sache entweder weiterzubearbeiten, am entsprechenden Platz zu archivieren oder wegzuwerfen. So wird sichtbar, wie oft Sie einen vollkommen unnötigen Handgriff machen und wie sich das summieren kann. Als Folge davon wachsen nicht nur die Stapel und die noch zu verrichtende Arbeit, sondern auch Ihr schlechtes Gewissen sowie der auf Ihnen lastende Druck.

Was Sie tun können, um die Stapel abzubauen, die nun schon mal da sind:

- Gehen Sie davon aus, dass Sie die Sache wieder in den Griff bekommen können – denn das ist natürlich möglich. Und meistens bei weitem nicht so schlimm, wie man angesichts der Materialmenge befürchten könnte.

- Planen Sie einen Freiraum (zum Beispiel ein ganzes Wochenende) ein, um die Sache in Angriff zu nehmen. Beginnen Sie mit einem „Gewaltakt“, um Klarheit zu gewinnen, sich einen Überblick zu verschaffen und um eine sinnvolle und hilfreiche Struktur zu bekommen.

> **!** Lassen Sie sich unterstützen und beraten, wenn das Schaffen von Systematik und Struktur nicht zu Ihren Stärken oder Vorlieben gehört. Ziehen Sie jemanden zu Rate und profitieren Sie von dessen Know-how. Außerdem wird Ihnen die Aktion so möglicherweise sogar Spaß machen!

- Stürzen Sie sich nicht gleich voller Elan ins Aufräumen, sondern machen Sie sich erst mal detaillierte Gedanken darüber, welche Art von Unterteilung Sie haben wollen, welche Themen und

Bereiche sinnvoll sind und Ihre Arbeit unterstützen. Machen Sie ein kurzes Brainstorming und schreiben Sie alle Vorschläge auf. Gehen Sie Ihren Arbeitsalltag und Ihre Arbeitsweise im Kopf durch und prüfen Sie, welche der Vorschläge am praktischsten und sinnvollsten sind. Schreiben Sie die von Ihnen ausgewählten Begriffe auf große Blätter und legen Sie sie auf dem Boden aus: am besten in alphabetischer Reihenfolge, dann geht Ihnen der nächste Schritt, das Zu-Sortieren, viel schneller und leichter von der Hand.

Vielleicht gehören Sie zu den Menschen, die alles von Anfang an tipptopp und perfekt machen wollen. Das ist lobenswert, aber glauben Sie uns: Was Ordnungsprinzipien und dergleichen betrifft, ist es viel besser, flexibel zu sein und mit den Dingen zu wachsen. Vielleicht haben Sie nicht von Anfang an den perfekten Plan. Vielleicht gibt es sogar eine Art „Niemandsland“, also bestimmte Unterlagen, die Sie (noch) nicht so recht einzusortieren wissen. In diesem Fall ist es am besten, mit den bereits feststehenden Kategorien zu beginnen, und einen extra Stapel „?“ oder „noch nachdenken“ anzulegen. Sie werden sehen, dass mit dem Tun Klarheit in die Sache kommt.

Auch hier gilt die Goldene Regel: so wenig wie möglich und so viel wie nötig. Wenn die Kategorien zu weit und undifferenziert sind, bauen Sie zwar den großen Berg ab, bekommen dafür aber mehrere, immer noch durch ihren Umfang abschreckende Stapel. Sind die Kategorien allzu eng, wird die Sache leicht unübersichtlich und obendrein für alle außer für Sie selbst undurchschaubar – und das macht es in Zukunft eventuell sehr schwierig, diese Sache zu delegieren. Außerdem benötigen Sie so unter Umständen viel mehr Platz.

- Machen Sie sich klar, dass der Berg eine ganze Reihe von Dingen enthält, die Sie vielleicht monatelang keines Blickes gewürdigt und nie gebraucht haben. Die Wahrscheinlichkeit, dass sie für Ihren Erfolg und Ihre Arbeit nicht wirklich von Bedeutung sind, ist deshalb ziemlich hoch. Gehen Sie in sich und überlegen Sie, was Sie damit machen wollen. Die sinnvollste Lösung ist es, sich nicht weiter damit zu belasten, sprich sie zu entsorgen. Tabu sind natürlich all die Dinge, die Sie aus rechtlichen Gründen aufbewahren müssen. Überlegen Sie, was Sie sofort wegwerfen werden, und treffen Sie innerlich diese Entscheidung. Sie werden sehen, dass es Ihnen so viel leichter fällt, es dann auch wirklich zu tun.

- Und jetzt kann es losgehen: Nehmen Sie den Berg in Angriff. Krempeln Sie die Ärmel hoch, nehmen Sie ein Blatt nach dem anderen, eine Mappe nach der anderen, eine Zeitschrift nach der anderen in die Hand. Werfen Sie einen Blick darauf und entscheiden Sie, welche Kategorie die sinnvollste ist und sortieren Sie entsprechend.

! Wenn Sie sich von jemandem helfen lassen, gehen Sie nicht davon aus, dass die von Ihnen gewählten Kategorien selbsterklärend und für jeden einleuchtend sind. Erklären Sie detailliert, was wohin sortiert werden soll. Am besten geht das, indem Sie die erste halbe Stunde gemeinsame Sache machen. Machen Sie auch klar, wie der andere in Zweifelsfällen vorgehen soll: gleich mit Ihnen Rücksprache halten oder einen extra Stapel mit „?" anlegen. Animieren Sie den anderen dazu, eigene Vorschläge zu machen oder Ihr System zu kritisieren. Es kann sein, dass Sie super Ideen bekommen.

- Seien Sie flexibel und ändern Sie Ihre Kategorien, wenn sich das im Laufe der Sortierarbeit als sinnvoll herausstellen sollte. Ergänzen Sie fehlende Bereiche, an die Sie im Vorfeld nicht gedacht hatten, und streichen Sie solche, die nicht wirklich hilfreich sind oder durch sinnvollere ersetzt werden können. Halten Sie sich immer an das Ordnungsprinzip, für das Sie sich am Anfang entschieden hatten – beispielsweise die alphabetische Reihenfolge. So reduzieren Sie Fehler auf ein Minimum und behalten den Durchblick, auch wenn Sie mal eine Pause einlegen oder einfach alles liegen und stehen lassen und erst am nächsten Tag weitermachen. Außerdem kann sich so ein neuer Helfer jederzeit gut zurechtfinden.

- Ergreifen Sie die Gelegenheit beim Schopf, um „auszumisten“. Trennen Sie sich sofort von allem, was Sie einfach nicht mehr brauchen: Werbung, die Sie nicht wirklich interessiert, Zeitschriften, die Sie in den letzten Monaten nie angefasst haben. Wenn Sie hin- und hergerissen sind: Legen Sie einen extra Stapel mit diesen unklaren Sachen an, von denen Sie sich einfach nicht sofort trennen können – und kümmern Sie sich dann systematisch darum.

  Geben Sie nicht einfach und leichtfertig Ihren Hortungsimpulsen nach, sondern springen Sie mal über Ihren Schatten. Fangen Sie klein an und werfen Sie mal eine Zeitschrift weg. Und warten ab, was dann geschieht. Die Wahrscheinlichkeit, dass gar nichts Schlimmes passiert und Sie trotzdem einen super Job machen, ist ziemlich groß. Wenn Sie das am eigenen Leibe erfahren, werden Sie sich in Zukunft leichter von Dingen trennen.

Wenn Sie diesen ersten großen Schritt getan haben, ist schon viel geschafft. Und Sie werden sehen, wie gut Sie sich fühlen, wenn Sie den Berg abgetragen und Struktur und Überblick reingebracht haben. Aber noch ist es natürlich nicht vorbei. Jetzt geht die Detailarbeit los.

- Unterteilen Sie Stapel für Stapel in Unterkategorien, wenn es für Sie sinnvoll ist und die Arbeit erleichtert. Hier sehen Sie am Beispiel von Kundenunterlagen (Briefe, Faxe, schriftliche Angebote, Telefonnotizen), wie Sie vorgehen könnten.

  Wir gehen einfach mal davon aus, dass die Ablage Ihrer Kundenunterlagen alphabetisch, und zwar nach Kundennamen sortiert ist – oder sortiert werden soll, falls Sie noch kein Archiv aufgebaut haben. Und davon, dass Sie alle Unterlagen eines bestimmten Kunden chronologisch und nach Projekten geordnet aufbewahren – oder in Zukunft aufbewahren wollen. In diesem Falle bietet es sich bereits im ersten Durchgang an, alphabetisch nach Kunden zu sortieren, sprich alle Unterlagen eines bestimmten Kunden zusammenzulegen. Natürlich könnten Sie auch nach Art der Unterlagen sortieren: alle Angebote, alle Briefe, alle Faxe stapeln. Das ist allerdings in unserem Fall nicht zu empfehlen, weil ein weiterer – und vollkommen überflüssiger – Sortierdurchgang, nämlich der nach Kundennamen, erforderlich wäre. So zu beginnen ist nur dann sinnvoll, wenn Ihr Kundenarchiv aus Angeboten, Briefen oder Faxen besteht und innerhalb dieser Bereiche nach Kundennamen sortiert ist. (Mehr zur Organisation der Ablage ab Seite 81)

! Achten Sie immer darauf, möglichst viele Fliegen mit einer Klappe zu schlagen, das heißt, den angestrebten Endzustand vor Augen zu halten und sich möglichst viele Handgriffe und Arbeitsschritte zu ersparen. Deshalb ist ja vorausschauendes Denken und Planen so wichtig, einfach loslegen und die Dinge anpacken dagegen oft so wenig effizient!

Vielleicht bewahren Sie Ihre Kundenvorgänge in Dokumentenhüllen auf. Dann nehmen Sie sie von Anfang an her. Schreiben Sie den Namen des Kunden eventuell vorne gut sichtbar drauf (Haftzettel eignen sich hervorragend dafür) und sortieren Sie auch innerhalb der einzelnen Kundenstapel gleich alphabetisch. Am Ende dieses Sortiervorganges liegen mehrere Stapel in alphabetischer Reihenfolge vor Ihnen, die in sich wiederum alphabetisch – nach einzelnen Kunden, also Ihrem Endsystem – sortiert sind.

Natürlich hängt die Anzahl der Sortiervorgänge davon ab, um wie viel Material es sich handelt. Gibt es beispielsweise sehr viele Vorgänge zu einem bestimmten Kunden, werden Sie die Dinge mehrmals in die Hand nehmen und mehrere Sortiergänge einlegen müssen, weil es sonst zu kompliziert und somit zeitraubend wäre. Je weniger Unterlagen es zu ordnen gilt, umso mehr Sortierkriterien können Sie in einem einzigen Schritt berücksichtigen. Im Idealfall können Sie mit nur einem Handgriff und sehr schnell den Endzustand erreichen.

Der nächste Schritt besteht nun darin zu bestimmen, was mit den einzelnen Vorgängen passieren soll, und einen Zeitpunkt dafür festzulegen, damit es auch getan wird.

Sortieren von Kundenunterlagen

z.B.

Kategorien	to do	Wann?
abgeschlossen/ erledigt	archivieren (Ablage)	innerhalb von vier Wochen *Da Sie alles gut vorsortiert haben und bei Bedarf schnell darauf zugreifen können, müssen Sie das nicht sofort erledigen. Aber – da es eine wichtige Tätigkeit ist – müssen Sie es einplanen und durchziehen. Und Sie können diese Aufgabe delegieren.*
ist in Arbeit	einordnen in „offene Projekte“ (auf Zugriff), eventuell durchgehen und sich alles vor Augen rufen	innerhalb der nächsten Woche
Rückfrage nötig	in Kasten „Dringendes“ legen (oder auf den Schreibtisch, je nachdem, wie Sie mit sofort zu erledigenden Dingen verfahren) und anrufen, faxen oder E-Mail schicken	gleich am nächsten Tag *Ideale Zeit dafür einplanen, um sich beispielsweise Mehrfachanrufe zu ersparen.*

Wenn Sie einen Teil Ihrer Aufgaben delegieren oder im Team mit anderen erledigen wollen, ist es sinnvoll, das gleich festzulegen und einzutragen. Legen Sie dafür am besten eigene Spalten an, dann bleibt die Liste übersichtlich.

z.B.

Kategorien	to do	Wann?	Wer?	Mit wem?
abgeschlos-sen/ erledigt	archivieren (Ablage)	innerhalb von vier Wochen	Erik und Frieda	
ist in Arbeit	einordnen in „offene Projekte“ (auf Zugriff), eventuell durchgehen und sich alles vor Augen rufen	innerhalb der nächs-ten Woche	ich	Frieda

Tragen Sie diese Aufgaben in Ihren Terminkalender als Verpflichtung ein – wo immer möglich mit genauen Zeitangaben. Und kontrollieren Sie sich selbst.

! Lassen Sie immer alles zusammen, was zusammengehört. So können Sie sich jederzeit leicht einen Überblick über einen gesamten Vorgang verschaffen und haben für den Fall einer Rückfrage sofort alles parat. Außerdem reduzieren Sie so die Fehlerquellen beim Einsortieren und erleichtern die Sucherei, falls mal etwas nicht am richtigen Platz abgelegt wird – eine ganze Dokumentenhülle findet sich einfach leichter und schneller als ein einzelnes Blatt.

Jetzt haben Sie es geschafft: Die belastenden Stapel in Ihrem Büro sind Geschichte und Sie haben den Überblick zurückgewonnen. Ein gutes Gefühl und eine wunderbare Voraussetzung, um einen solchen Zustand nicht wieder einreißen zu lassen. Was natürlich schneller passiert als einem lieb ist, wenn man nicht die Zügel in die Hand nimmt und behält.

Was man vorbeugend tun kann, um Stapel zu vermeiden
Was für alle anderen Ziele gilt, die man anstrebt und erreichen will, gilt auch hier: Die Motivation ist die treibende Kraft. Nur wenn Sie sich selbst von den riesigen Vorteilen einer klaren Ordnung und Struktur überzeugen können, werden Sie Disziplin und Energie aufbringen, um sich dafür einzusetzen. Oder bereit sein, in jemanden zu investieren, der das für Sie erledigt.

Natürlich ist es ideal, wenn Sie nach gelungener Aufräumaktion das Entstehen von Stapeln gleich im Keim ersticken. Das heißt, Sie erklären alle Flächen in Ihrem Büro – vom Schreibtisch über Regale bis hin zum Fensterbrett – zu Tabu-Zonen. Und beschränken die Ablagemöglichkeiten auf einen ganz bestimmten Bereich: wenige und klar strukturierte Eingangskästen zum Beispiel. Sollten Sie nicht zu den ganz so disziplinierten Menschen gehören, die Tag für Tag einsortieren und aufräumen, und das Entstehen von kleinen Stapeln einfach nicht zu vermeiden ist, können Sie trotzdem viel tun, um kein Chaos entstehen zu lassen. Reservieren Sie sich einen bestimmten Platz, der überschaubar und gut zugänglich ist, für Ihre „Vorablage“. Wichtig ist, dass Sie den Durchblick bewahren, also von Anfang an verhindern, dass (wieder) ein undifferenzierter Berg entsteht. Überlegen Sie sich sinnvolle Kategorien – wahrscheinlich können Sie die aus Ihrer ersten Aufräumaktion übernehmen – und sortieren Sie von Anfang an vor. Egal, ob Sie für Ihr Material Eingangskörbchen wählen oder es einfach so übereinander legen, wichtig ist, dass Sie Ihre Kategorien klar und deutlich erkennbar machen – und konsequent einhalten.

> **!** Wichtige Dinge wie Kundenunterlagen und Rechnungen, kurz alles, was schnell bearbeitet oder weitergeleitet werden muss, gehören niemals in die „Vorablage“!

Das ist natürlich noch nicht alles. Denn selbst wenn Sie die raffinierteste und passendste Struktur in Ihre „Vorablage“ gebracht haben, entstehen recht schnell undurchsichtige und beunruhigende Berge. Es ist unumgänglich, regelmäßige Sicht- und Aufräumaktionen einzulegen. Je regelmäßiger und häufiger Sie das machen, umso schneller und unkomplizierter ist die Sache. Und ganz wichtig: Umso leichter fällt es Ihnen auch. Also: Planen Sie regelmäßig Zeit ein, um Ihre „Vorablage" in den Griff zu bekommen. Ich kann Ihnen nur empfehlen, auf jeden Fall einmal pro Woche einen solchen „Aufräumtermin" fest einzuplanen – als Verpflichtung mit hoher Priorität in Ihren Terminkalender einzutragen – sich daran zu halten und nicht zu verschieben.

! Wählen Sie den günstigsten Zeitpunkt für Ihren „Aufräumtermin". Überlegen Sie, welcher Wochentag und welche Uhrzeit sich am besten dafür eignen. Sehr oft bietet sich der Freitagnachmittag dafür an, weil das Tagesgeschäft in den meisten Unternehmen deutlich nachlässt und es ziemlich ruhig ist.

Abhilfe bei überquellenden Eingangskörbchen

Das ist vom Prinzip her die gleiche Sache wie die oben beschriebenen „Wanderdünen" und meist die „harmlose" Vorstufe davon. Volle Eingangskästen erschweren die tägliche Arbeit, machen mehr oder weniger langwierige Suchaktionen notwendig, verhindern den so wichtigen Überblick und machen zudem meist ein schlechtes Gewissen. Auch hier liegen die Gründe in mangelhafter oder gar ganz fehlender Struktur und der Tendenz zur „Aufschieberitis". Gegen beides lässt sich leicht und sofort etwas unternehmen.

Was man tun kann, wenn das Körbchen schon überquillt

Nehmen Sie sich ein Herz und werden Sie jetzt sofort aktiv. Das ist die einzige Möglichkeit, um der Sache Herr zu werden und die Weichen neu zu stellen.

- Legen Sie einen Termin fest und reservieren Sie sich auf jeden Fall mehrere Stunden für das Projekt „Eingangskörbchen".

- Sortieren Sie Ihr Material vor und verwandeln Sie so den großen und unstrukturierten Stapel in mehrere kleine mit jeweils einem klaren und für Ihre Arbeit sinnvollen Thema.

- Nutzen Sie die Gelegenheit, um all das auszusortieren, was Sie nicht mehr brauchen oder was nicht mehr aktuell ist. Vor allem die Kategorie „Post" quillt leicht über, wenn man sich dazu verleiten lässt, jedes Schreiben erst mal aufzubewahren („Wer weiß, vielleicht ist ja was Interessantes dabei"). Gehen Sie die Post kritisch durch und entsorgen Sie alles, was nicht wirklich relevant für Ihre Arbeit ist.

! Wenn Sie davon überzeugt sind, dass die Werbemailings oder -faxe bestimmter Dienstleister irgendwann interessant für Sie werden könnten, dann überlegen Sie sich eine clevere Alternative zum Horten von Briefen im Eingangskasten. Sie können beispielsweise in Ihrem Archiv eine neue Kategorie „Dienstleister" anlegen und dort alles sammeln (natürlich sinnvoll sortiert, entweder alphabetisch oder nach Themen). Oder die Daten der Unternehmen in einer eigenen Datenbank erfassen. Achten Sie immer darauf, sich selbst das Leben leichter zu machen, indem Sie eine für Sie sinnvolle Unterteilung einhalten und so unstrukturierte Haufen vermeiden.

- Nehmen Sie das Wichtigste sofort in Angriff. In unserem Beispiel hat all das, was Sie als „eilig" eingestuft haben, die höchste Priorität. Gehen Sie diese Kategorie durch und erledigen Sie eins nach dem anderen. Alles, was Sie jetzt nicht schaffen oder wofür ein anderer Zeitpunkt einfach geeigneter ist, sollten Sie mit einer klaren und realistischen Deadline in Ihren Terminkalender eintragen. So verlieren Sie nichts Wichtiges aus den Augen und kontrollieren sich selbst.

Am besten legen Sie eine solche Aktion auf einen Zeitpunkt, der einen Abschluss und Neubeginn markiert: auf ein Wochenende zum Beispiel, um die neue Woche frisch und mit neuer Klarheit zu beginnen. Auf ein Monatsende – wenn Ihr Business das zulässt. Oder auf das Jahresende. Vorausgesetzt natürlich, bis dahin dauert es nicht zu lange.

Wie man überquellende Eingangskörbchen vermeidet
Wehret den Anfängen, heißt es. Ähnlich wie die weiter oben beschriebenen „Wanderdünen“ lassen sich überladene Eingangskästen sehr wohl vermeiden und auf ein Mindestmaß reduzieren, mit dem man gut zurechtkommen kann.

- Seien Sie kritisch und selektieren Sie von Anfang an alles aus, was nicht wirklich wichtig ist. So bringen Sie sich erst gar nicht in die Situation, Platz und Zeit für das Ausmisten von Stapeln zu verschwenden.

- Ersetzen Sie einen undifferenzierten Eingangskasten, in dem sich alles Mögliche stapelt, durch mehrere thematische Kästen, um so jedes Durcheinander von vornherein zu verhindern. Schon beim ersten In-die-Hand-Nehmen können Sie all Ihre Unterlagen und Papiere in sinnvolle Kategorien vorsortieren, ohne den Zeitaufwand auch nur im geringsten zu erhöhen. Sie erreichen damit Klarheit und können Prioritäten sichtbar machen.

- Halten Sie die Anzahl von thematischen Eingangskästen so gering wie nur möglich. Seien Sie kritisch und fragen Sie sich bei jeder Kategorie, ob sie wirklich sinnvoll und notwendig ist. Warum sollten Sie einen Kasten „Archiv“ anlegen, wenn Sie recht wenig zu archivierendes Material haben und deshalb diese Aufgabe genauso gut immer sofort erledigen können? Warum sollten Sie beispielsweise Belege für die Buchführung irgendwo zwischenlagern anstatt sie einfach sofort im entsprechenden Ordner abzuheften?

- Gewöhnen Sie es sich an, kleine Aufgaben sofort und einfach zwischendurch zu erledigen. Sie tun sich selbst damit einen großen Gefallen, weil Sie keine Stapel zu erledigender Kleinigkeiten ansammeln oder diese vor sich herschieben, und dann irgendwann nicht in den sauren Apfel beißen müssen.

Es ist immer wieder beeindruckend, wie viel Zeit und Mühe man sich durch regelmäßige kleine Handgriffe längerfristig sparen kann. Der Vergleich mit dem Putzen drängt sich hier regelrecht auf: Durch regelmäßiges Putzen, wofür man nur sehr wenig Zeit und Mühe aufwenden muss, lassen sich große, anstrengende und nervige Putzaktionen vermeiden. Gleichzeitig hält man so alles viel besser in Schuss. Auch kann es gar nicht passieren, dass man in Panik gerät, wenn sich kurzfristiger Besuch ankündigt, weil man ja alles im Griff hat.

Ordnung am Arbeitsplatz ist kein Selbstzweck: Es geht überhaupt nicht darum, aus ästhetischen Gründen aufzuräumen und oberflächlich die Dinge in der Hand zu haben. Struktur und Ordnung sind äußere Hilfsmittel, um Ihnen das Leben zu erleichtern, den Durchblick zu wahren, sich immer schnell orientieren zu können und so – als willkommenes Nebenprodukt – Zeit zu sparen. Deshalb ist es wichtig, keine unrealistischen Ziele zu setzen und sich nicht selbst verbiegen zu wollen. Denn sonst ist der Erfolg, wenn er sich überhaupt einstellt, nur von kurzer Dauer. Wenn Sie also ein eingefleischter „Volltischler“ sind: Versuchen Sie erst gar nicht, ein „Leertischler“ zu werden. Schon gar nicht von heute auf morgen! Nehmen Sie sich lieber ein oder zwei grundlegende Dinge vor, die Sie verändern wollen. Arbeiten Sie einen „Schlachtplan“ aus, planen Sie die einzelnen Schritte ein und setzen Sie sie Stück für Stück um.

! Es arbeitet sich einfach leichter und unbeschwerter, wenn die Arbeitsfläche einigermaßen frei ist. Auch hier ist es wichtig, dass Sie Ihre eigene Methode finden und Ihre Gewohnheiten respektieren. Auch für die beste Arbeitsweise gibt es keine Patentrezepte. Es gibt Anregungen und Erfahrungen und gewisse Grundregeln, die einfach sinnvoll sind, das ja. Aber damit Sie diese auch umsetzen, müssen Sie den Weg finden und gehen, der auch zu Ihnen passt.

Praktische Möbel und kurze Wege

Alle organisatorischen Maßnahmen sollten Sie in Ihren Arbeitsabläufen unterstützen und dazu beitragen, dass Sie einfacher, schneller und somit effektiver arbeiten können. Zu diesen Rahmenbedingungen gehört auch die Ausstattung Ihres Büros. Wählen Sie Ihre Möbel nicht nur nach ästhetischen Gesichtspunkten aus – obwohl es natürlich wichtig ist, dass Sie sich in Ihren Räumen wohl fühlen. Achten Sie in erster Linie auf die Zweckmäßigkeit: Die Möbel sollen praktisch und stabil sein und Ihren Bedürfnissen entsprechen. Und natürlich den ergonomischen Vorschriften.

! Sparen Sie nicht am falschen Platz! Ausreichend Arbeitsfläche ist beispielsweise ein absolutes Muss. Wenn Sie hauptsächlich am Schreibtisch arbeiten und eine große Ablagefläche benötigen, ist ein großer Tisch einfach das Sinnvollste.

Sehr wichtig ist die räumliche Anordnung Ihrer gesamten Einrichtungsgegenstände. Auf keinen Fall dürfen Sie und Ihre Mitarbeiter durch ungünstig aufgestellte Möbel in der Arbeit behindert werden. Achten Sie darauf, dass die Gestaltung Ihrer Räume die Arbeitsabläufe widerspiegelt und unterstützt. Reibungslos sollte sich alles erledigen lassen, die Arbeit sollte fließen können – entsprechend dem englischen Begriff „workflow". Hier ein paar Anregungen, worauf Sie achten sollten:

- Stellen Sie alle Möbel und sonstigen Einrichtungsgegenstände so auf, dass sie niemandem im Wege stehen oder Arbeitswege verlängern.

- Nutzen Sie den Platz auch in die Höhe. So können Sie unter Umständen ziemlich viel Stellfläche einsparen und den gewonnenen Platz sinnvoller nutzen.

- Setzen Sie Prioritäten: Alles, was häufig und regelmäßig gebraucht wird, muss einfach und sofort zugänglich sein. Alles andere kann weiter weg oder beispielsweise ganz oben in Schränken und Regalen gelagert werden.

- Alle Schränke oder Regale müssen leicht zugänglich sein. Verbannen Sie auch keine Archivschränke, in denen nur selten gebrauchte Dinge aufbewahrt werden, in die hinterste Kellerecke. Und beschriften Sie die Schränke eindeutig und klar. Wenn Sie mal was brauchen, gestaltet sich die Suche sonst schwierig und zeitaufwändig.

- Stellen Sie die technischen Geräte so auf, dass sie von allen problemlos und ohne lange Wege erreicht werden.
- Wenn Sie sich neu einrichten oder neue Möbel zukaufen, machen Sie sich vorher klar, wie Sie damit arbeiten werden. Beispiel: Es gibt Rollcontainer für Schreibtische, die mehrere Schubladen haben, und es gibt solche, die neben einer Schublade Raum für eine Hängeregistratur bieten. Je nach Arbeit ist die eine oder andere Variante am sinnvollsten.
- Achten Sie auch auf Zubehör für Mobiliar. So gibt es für Regale auch Zwischen-Unterteilungen. Viele Möbelhersteller bieten Baukastensysteme an. So können Sie etwa Ihre Kommode zum Schrank machen.

! Bitte richten Sie alle Arbeitsplätze unter Gesundheitsaspekten ein: von der Anordnung der Möbel bis hin zu ausreichend natürlichem Licht und augenschonenden Bildschirmen. Beachten Sie die einschlägigen Vorschriften für Arbeitsplätze! Details teilt Ihnen jeder Büromöbelhändler mit – eine Kontaktadresse für Informationen zu diesem Thema finden Sie im Anhang (ab Seite 193).

Alles sinnvoll verstaut: die clevere Ablage

Wie oft wird sie als langweilige und eintönige Routinetätigkeit geschmäht und aus diesem Grunde allzu gerne vernachlässigt: die Ablage. Dabei ist ein sinnvoll und klar strukturiertes Archiv, das regelmäßig gepflegt und auf den neuesten Stand gebracht wird, das Herzstück eines Unternehmens und erleichtert die Arbeit ungemein. Das weiß jeder, der schon mal mit den Folgen einer wenig durchdachten oder vernachlässigten Ablage zu tun hatte. Das Gemeine an der Sache ist, dass die Konsequenzen – wie übrigens bei den meisten administrativen Tätigkeiten – nicht sofort auf den Plan treten und deshalb unmittelbares Handeln nicht erforderlich zu sein scheint. Sie erinnern sich an die Unterscheidung „dringend" und „wichtig" im Kapitel über Prioritäten (siehe Seite 15 f.). Die meisten organisatorischen und logistischen Dinge sind für einen reibungslosen Ablauf der Arbeitsprozesse und damit letztlich für den Geschäftserfolg mittel- und langfristig äußerst wichtig. Da die Dringlichkeit im Normalfall nicht sehr hoch ist – abgesehen von den Momenten, in denen man sofort bestimmte Unterlagen braucht und Suchaktionen einlegen muss – verlegen sich viele auf die hohe Kunst des „Sich-Durchwurstelns". Natürlich ist das eine Möglichkeit: Aber erstens verschwendet man damit regelmäßig Zeit, die ganz schön zu Buche schlägt und die sich viel gewinnbringender für andere Tätigkeiten einsetzen ließe. Zweitens kommt irgendwann die Stunde der Wahrheit und die unmittelbare Notwendigkeit, aufzuräumen und Ordnung reinzubringen: Und das kann richtig teuer werden.

Nehmen wir mal an, dass Sie Ihre Buchhaltung selbst erledigen und den ganzen „Kram" in einem Karton sammeln. Da Sie sehr beschäftigt sind und Verwaltungsdinge keine Priorität im Sinne von „dringend" haben, beschränken Sie sich darauf, ab und zu mal die neuen Belege zusammenzusuchen und reinzulegen. Ansonsten ist der Karton, in dem sich die Buchführungsbelege drängeln, Luft für Sie. Erst dann, wenn der Abgabetermin beim Finanzamt unmittelbar bevorsteht, wird die Sache dringend und akut. Und hektisch. Jetzt wäre es ein riesiger Vorteil, wenn Sie gute Vorarbeit geleistet und von Anfang an eine sinnvolle Ordnung in die Unterlagen gebracht hätten.

> **!** Auch wenn Sie die Buchführung outgesourct haben, lohnt es sich, von Anfang an Ordnung in Ihre Belege zu bringen, anstatt sie einfach in eine Schachtel zu werfen. So können Sie Ihrem Dienstleister viel Zeit und somit sich selbst viel Geld sparen.

Was für die Buchhaltungsbelege gilt, gilt natürlich auch für alles andere. Lassen Sie sich nicht dazu verleiten, Unterlagen und Papiere einfach irgendwo zu stapeln, weil Sie sie ohnehin nur ab und zu mal brauchen werden. Denn die Folgen werden nicht lange auf sich warten lassen:

- Wenn Sie mal was brauchen, geht die Sucherei so richtig los. Das kostet Zeit und Nerven. Und bekanntlich kommt ein Übel selten allein: Meistens fallen solche Suchaktionen nämlich genau dann an, wenn Sie sie am allerwenigsten gebrauchen können und sowieso schon unter Druck stehen.

- Es kann passieren, dass Sie lange und verzweifelt nach Unterlagen oder Informationen suchen müssen, die jemand anderes dringend braucht. Das nagt dann auch an Ihrem Image als zuverlässiger Geschäftspartner.

- Die Gefahr, dass Dinge sich in Luft auflösen oder Sie die Suche aus Zeitmangel schlicht und einfach einstellen müssen, ist deutlich höher als in einer durchorganisierten Ablage. Zugegeben: Fehler kommen in der besten Ablage vor. Doch das Risiko ist deutlich herabgesetzt, ganz besonders dann, wenn man sich regelmäßig damit beschäftigt und beim Ein- und Rücksortieren auf Unstimmigkeiten und Fehler achtet.

- Wenn Sie expandieren und Mitarbeiter einstellen, dauert es sehr viel länger, bis Ihre Leute voll einsatzfähig sind. Weil sie erst mal damit beschäftigt sind, Durchblick zu schaffen und die Ablage in den Griff zu bekommen. Es kann auch passieren, dass wirklich kompetente und gute Mitarbeiter abspringen, weil die dringend erforderlichen Aufräumarbeiten sie abschrecken.

Sie sehen schon: Es lohnt sich, langfristig zu denken und von Anfang an Struktur und Ordnung in die Ablage zu bringen.

Mit Ablage ist hier übrigens alles gemeint, was Sie nicht aktuell brauchen und deshalb aus Ihrem unmittelbaren Arbeitsbereich verbannen. Da ist zum einen die Ablage im engeren Sinne, sprich all die Unterlagen, die Sie entweder für einen längeren Zeitraum aufbewahren müssen (wie Buchhaltungsbelege, Verträge, Kunden-Unterlagen) oder aufbewahren wollen (wie Zeitungsartikel, Trainingsunterlagen) und die Sie nur ganz selten benötigen. Zum anderen sind das Unterlagen, die Sie mit Sicherheit bald brauchen werden und die Sie deshalb in Reichweite haben wollen: beispielsweise noch nicht abgeschlossene Kundenvorgänge oder die Unterlagen Ihrer aktuellen Projekte. Alle Anregungen und Tipps gelten für beide Arten der Ablage: Denn Klarheit, Struktur und Übersichtlichkeit sind in beiden Fällen Voraussetzungen, um gut und unkompliziert damit arbeiten zu können.

> **!** Lassen Sie nur das in Ihrem unmittelbaren Arbeitsumfeld, woran Sie aktuell arbeiten. Belasten Sie sich und Ihren Schreibtisch auf keinen Fall mit Dingen, die in die Ablage gehören. Wählen Sie lieber einen anderen Ort dafür und gehen Sie aktiv vor: Planen Sie einen festen Termin ein, um die Sache in den Griff zu bekommen. Aber gehen Sie nicht davon aus, dass der Druck durch die Stapel eines Tages so groß sein wird, dass Sie schon irgendetwas machen werden. Vielleicht passiert das, vielleicht aber auch nicht. Und vor allem: Eine sinnvolle Ablage muss durchdacht sein und Ihren Bedürfnissen entgegenkommen. Panikartig und unter Druck geschaffene Ablagesysteme sind in den seltensten Fällen wirklich hilfreich.

In diesem Kapitel erfahren Sie, was wichtig ist, um eine sinnvolle Ablage ins Leben zu rufen – und zu behalten:

- die Wahl der sinnvollen Form (herkömmlich oder digitalisiert)
- die Wahl des am besten geeigneten Materials
- nützliche kleine Orientierungshelfer
- das Ausarbeiten einer sinnvollen inhaltlichen Struktur
- leichte Zugänglichkeit
- regelmäßige Archivpflege

In alle Überlegungen, die Sie zum Thema Ablage anstellen, sollten Sie immer folgende zwei Gesichtspunkte einbeziehen: den Prozess des Archivierens oder Rücksortierens nach Gebrauch und das Suchen oder Recherchieren. Beides muss sich nämlich so einfach wie möglich machen lassen. Ein Archiv kann aus theoretischer Sicht perfekt sein: Wenn die Struktur nicht praktisch ist und die Arbeit erschwert, bringt es nicht sehr viel. Und wenn der Ablageprozess an sich zu umständlich und aufwändig ist, wird erstens Zeit verschwendet und gibt es zweitens viele Fehlerquellen. Außerdem kann es sehr lange dauern, neue Mitarbeiter einzulernen.

Die Wahl der sinnvollen Form: herkömmlich oder digitalisiert

Vor einigen Jahren war das „paperless office“ in aller Munde: Die Möglichkeiten der digitalisierten Archivierung und Kommunikation sollten sämtliches Papier überflüssig machen. Ich habe den Übergang zum digitalen Zeitalter als Leiterin eines Bildarchivs hautnah miterlebt. Und die Euphorie angesichts der immensen Vorteile, welche die elektronische Archivierung bietet: das Einsparen von Platz und eine Fülle von Suchmöglichkeiten. Da lag der Gedanke nahe, auch andere viel Lagerplatz in Anspruch nehmende Unterlagen – wie beispielsweise die Kundenvorgänge – zu digitalisieren. Nach einer genauen Analyse der gesamten Situation, der vorhandenen technischen Möglichkeiten, der Materialfülle, der nötigen Arbeitsschritte und des Zeitaufwands für den Digitalisierungsprozess stellten wir fest, dass die Umstellung sich insgesamt nicht rechnete.

Die herkömmliche Archivierung (beispielsweise in Aktenordnern) ist vielfach als „veraltet“ in Verruf geraten und alles, was mit Computer zu tun hat, ist „in“ und automatisch die cleverste Lösung. Es gibt eine Fülle von Programmen, um Ihre gesamte Administration im Computer zu erledigen, und Archivierungsprogramme für alle Arten von Dokumenten und Bilddateien. Lassen Sie sich nicht von den angepriesenen Vorteilen der digitalisierten Ablage überrumpeln. Natürlich bietet die Digitalisierung riesige Möglichkeiten. Aber das sind nicht immer und nicht zwangsläufig auch die Möglichkeiten, die Sie tatsächlich brauchen und die hilfreich für Ihre Arbeit sind.

Bevor Sie eine Entscheidung treffen, sollten Sie sich deshalb einen Gesamtüberblick verschaffen und genau analysieren, was die elektronische Variante mit sich bringt, welche Arbeitsschritte damit verbunden sind und wie Sie sie in Ihre Abläufe einbauen können, wie viel Zeit, Technik und welches Know-how dafür erforderlich sind. Auf der Grundlage solcher Überlegungen können Sie sehr gut entscheiden, ob die herkömmliche oder die digitalisierte Ablage für Ihre spezifische Situation und Ihr Thema sinnvoller ist. Denn beide Systeme haben ihre Stärken und Schwächen. Wichtig ist, sich bewusst zu entscheiden.

z.B.

Archivierung von Fachartikeln

Sie sammeln Artikel unterschiedlicher Herkunft (aus Fachzeitschriften, Büchern, von Websites, aus Online-Newslettern) zu bestimmten Themen und planen, ein eigenes Archiv anzulegen, um bei Bedarf und Interesse auf einzelne Artikel zugreifen zu können. Sie stehen vor der Frage, welche Art der Archivierung für Sie am meisten Sinn macht: herkömmlich oder digitalisiert?

Machen Sie sich erst mal die Vorteile und Erfordernisse der beiden Medien klar:

Vorteile eines digitalisierten Archivs

- kein physischer Platzbedarf
- vielfältige Suchmöglichkeiten (je nach Programm: xy Schlüsselwörter, Volltextsuche, nach Autor, Quelle)
- flexibel durch Verknüpfungen

Um in den Genuss dieser Vorteile zu kommen und zu bleiben, sind bestimmte Arbeitsschritte nötig. Oft wird so getan, als wären digitalisierte Archive Wesen, die sich perfekt selbst organisieren. Aber das stimmt einfach nicht.

Erforderliche Arbeitsschritte für die digitale Archivierung

- Ausarbeiten eines sinnvollen und einheitlichen Systems von Suchbegriffen im Rahmen der vom Programm angebotenen Möglichkeiten (was genau, wie viele)
- Kompatibilität verschiedener Programme gewährleisten

- Einscannen analoger Vorlagen (in unserem Beispiel von Zeitungsartikeln)
- Verknüpfung der einzelnen „Dokumente“ mit den relevanten Suchbegriffen

Das traditionelle Archiv wird gerne als nicht mehr zeitgemäß bezeichnet. Trotzdem hat es viele gute Seiten.

Vorteile eines herkömmlichen Archivs

- einfach und jederzeit zugänglich, nicht an bestimmten Platz gebunden
- kein zusätzlicher Arbeitsschritt (Einscannen) und keine Anschaffung von Technik (Scanner, Archivierungsprogramm) erforderlich
- man kann einfach darin blättern
- völlige Freiheit, was das Suchsystem anbelangt

Wägen Sie ab, welches der beiden Medien Ihren Bedürfnissen und auch Ihren Vorlieben am meisten entspricht. Im pauschalen Vergleich mit den Möglichkeiten der digitalen Welt scheint die traditionelle Ablage bei weitem den Kürzeren zu ziehen. Denn die Nachteile sind offensichtlich: Platzbedarf, reduzierte Suchmöglichkeiten (jeder Artikel wird unter einem bestimmten Thema abgelegt, ist aber unter mehreren Gesichtspunkten interessant: Deshalb muss man entweder kopieren und mehrfach ablegen oder zusätzlich mit Karteikarten arbeiten).

! Bitte lassen Sie sich von den großen Vorteilen des digitalen Systems nicht blind machen. Seien Sie offen dafür, aber gleichzeitig kritisch und realistisch.

Fragen Sie sich:

- Wie groß wird mein Fachartikel-Archiv sein?
- Wie viele Papiere gilt es ungefähr pro Woche/Monat zu erfassen?
- Wie detailliert muss ich suchen können? Wie viele Suchbegriffe pro Artikel sind sinnvoll?
- Was passiert weiterhin mit den Inhalten: Werden sie einfach nur immer mal gelesen oder baue ich sie regelmäßig beispielsweise in Worddokumente ein, so dass es von Vorteil ist, wenn sie in digitaler Form vorliegen?
- Wenn ich etwas suchen oder lesen will, bin ich auf den Computer angewiesen. Ist das praktikabel für mich?

Gehen Sie in sich und überlegen Sie, ob es wirklich sinnvoll ist, überhaupt ein Archiv anzulegen. Werden Sie es tatsächlich brauchen und regelmäßig nutzen? Denn der Aufwand lohnt sich nur, wenn Sie dann auch damit arbeiten.

Sinnvoll ist es auch, Aufwand und Nutzen gegeneinander abzuwägen. Je kleiner ein Archiv ist, umso weniger sinnvoll ist im Allgemeinen die digitale Archivierung, weil sie aufwändiger und zeitintensiver ist und man die vielen Suchfunktionen bei weitem nicht ausnutzt. Außer natürlich, Sie brauchen die Texte in digitaler Form. Nehmen Sie dabei sich selbst und Ihre persönlichen Bedürfnisse ernst. Wenn Sie keine besondere Vorliebe für Computer-Archivierung haben, werden Sie schwerlich deren Potenziale nutzen und Ihrer Ablage die Pflege angedeihen lassen, die nötig ist. Beschränken Sie sich dann lieber auf den unumgänglichen Teil an Computerarbeit – und verwalten Sie all das analog, was möglich ist.

Die Wahl des am besten geeigneten Materials

Es gibt eine sehr breite Palette von Archivierungsmaterialien, die gestapelt, nebeneinander angeordnet oder in Schubladen gehängt werden können: von Mappen, Ringordnern über Stehordner bis hin zu so genannten Pendelsammlern. Es gibt Hängeregistraturen, Ablageboxen, transportable Karton-Container und Archiv-Schachteln für Stehordner, portable Hängemappenboxen und und und. Das Angebot ist enorm und auf die unterschiedlichsten Bedürfnisse ausgerichtet. Die Wahrscheinlichkeit, dass Sie genau das Richtige für sich finden, ist also ziemlich hoch. Gleichzeitig hat man natürlich die Qual der Wahl und wird leicht von den oft sehr ästhetischen Lösungen und den vielen Möglichkeiten in Versuchung geführt. Außer natürlich, man weiß ganz genau, welche „Spezifikationen" – wie es im Jargon der Techniker heißt – erfüllt werden müssen.

Überlegen Sie sich deshalb genau, welche Archivierungsmaterialien für Sie am sinnvollsten sind. Was sich für die einzelnen Bereiche am besten eignet, hängt einmal davon ab, welche Vorgänge, Dokumente, Unterlagen abzulegen sind, und natürlich auch von Ihren Räumlichkeiten und Möbeln. Hier ein paar Anregungen, wie Sie die Sache angehen können:

- Welche Art von Unterlagen soll in die Ablage? Listen Sie einfach mal alles auf, um einen Überblick über die verschiedenen Typen zu bekommen. Das könnten sein: Bankauszüge, Zeitungsausschnitte, Trainingsunterlagen, Faxe von und an Kunden, Preisangebote für Kunden, Angebote von Lieferanten, Korrespondenz mit Kunden, Belege, Eingangs- und Ausgangsrechnungen.

- Bringen Sie Ordnung in die Liste und fassen Sie die einzelnen Arten von Unterlagen in für Ihre Arbeit sinnvolle Kategorien zusammen. Der Fokus liegt hier darauf, dass die Kategorien praktisch und ganz klar sind. Das könnte so aussehen: Buchhaltung, Kundenunterlagen, Lieferantenunterlagen, Trainingsunterlagen, Literatur.

! Wählen Sie Ihre Ablage-Kategorien so breit oder so eng, wie es für Ihre Arbeitsabläufe am besten ist. Achten Sie darauf, dass nichts auseinander gerissen und an unterschiedlichen Orten archiviert wird, was zusammenbleiben sollte. Natürlich kann man beispielsweise eigene Bereiche für „Korrespondenz" und „Faxe" einrichten. Das macht dann Sinn, wenn Sie – außer Briefen oder Faxen – nichts von diesen Personen oder Firmen zu verwalten haben. Wenn Sie aber eine ganze Reihe unterschiedlicher Unterlagen haben, ist es besser, eine Kategorie „Kunden" oder „Projekte" anzulegen und nach Vorgängen zu sortieren.

- Welche Dimensionen haben die abzulegenden Unterlagen maximal? Kann man sie knicken oder anderweitig verändern, um sie kleiner zu machen? Kann und will man die Sachen lochen oder nicht? Wie empfindlich ist das zu archivierende Material: Braucht man eventuell schützende Hüllen?

- Nach welchem Ordnungsprinzip gehen Sie vor: chronologisch oder thematisch? Wird die Reihenfolge der abgelegten Unterlagen also stabil bleiben oder wird sie sich verändern? Diese Frage ist deshalb relevant, weil davon abhängt, wie viel Flexibilität die Mappen oder Ordner bieten müssen, um keine unnötige Arbeit zu verursachen.

z.B. Die Buchhaltung ist ein typisches Beispiel für eine Ablage, in der es prinzipiell keine nachträglichen Änderungen in der Abfolge gibt und jedes einzelne Teil seinen festen „Sitzplatz" hat (mit Ausnahme der Debitoren und Kreditoren, die oft separat gebucht werden und für die sich die alphabetische Ordnung nach Namen anbietet). Die Belege werden in chronologischer Reihenfolge sortiert, kontiert und gebucht. Eine klare Sache: Alles, was neu dazukommt, kommt einfach oben drauf. Und alles wird immer an dem Platz bleiben, an dem es ursprünglich abgelegt worden ist. Für die Buchhaltungsbelege ist also Flexibilität gar nicht wichtig. Aus diesem Grunde eignen sich Ringordner wunderbar dafür. Alle Belege und Bankauszüge können in chronologischer

Reihenfolge gelocht und einsortiert werden. Wenn ein Ordner voll ist, kommt einfach ein neuer dran.

Ganz andere Bedürfnisse hat ein thematisch sortiertes Archiv, ganz besonders dann, wenn es kontinuierlich wächst und sich inhaltlich verändert. Da braucht man offene und flexible Materialien, um einfach und schnell alte Kategorien aufzulösen, durch neue zu ersetzen oder in mehrere Unterkategorien zu unterteilen. Natürlich ist das auch mit den altbewährten Ordnern möglich. Aber es ist viel aufwändiger, umständlicher und zeitintensiv.

- Wie werden Sie die Ordner und Mappen außen beschriften? Wie viel Platz brauchen Sie für eine sinnvolle und aussagekräftige Beschriftung, um die Dinge auch leicht und gezielt finden zu können?

- Welche Möbel stehen Ihnen zur Verfügung, die Sie für die Ablage benutzen möchten? Welche Ausmaße haben sie genau? Wie kann man sie am besten nutzen?

Wenn Sie klare Vorstellungen von Ihren Erfordernissen haben – inhaltlich und räumlich – wissen Sie auch ganz genau, was Sie brauchen.

Manche Dokumente wandern von einem Ablage-System in ein anderes, weil sich die Anforderungen an den Zugriff ändern.

z.B.

Während eines achtwöchigen Online-Workshops sind die Unterlagen jedes Teilnehmers am besten in Hängemappen untergebracht, die griffbereit stehen. So ist der schnelle Zugriff gesichert – ohne großen Aufwand können Dokumente in die jeweilige Hängemappe gesteckt, individuelle Teilnehmer-Informationen mit einem einzigen Handgriff herausgeholt werden. Nach Ende des Workshops wandern die Dokumente für einen begrenzten Zeitraum (!) in einen Leitz-Ordner: Sofern es noch Rückfragen gibt, sind die Informationen leicht zugänglich – allerdings „aus dem Weg". Nach einigen Wochen werden die Unterlagen vernichtet.

Sehr nützlich: kleine Orientierungshelfer

Auch wenn ein Archiv wunderbar durchstrukturiert ist, heißt das nicht automatisch, dass man sich auch von außen leicht und sofort zurechtfindet. Machen Sie es sich und anderen leichter, werden Sie kreativ und nutzen Sie die Potenziale der zwar kleinen, aber äußerst nützlichen Orientierungshelfer. Sie können mit unterschiedlichen Farbmarkern oder mit bunten Punkten arbeiten, um einzelne Kategorien zu markieren. Egal, ob es sich um Ordnerrücken oder um die Schildchen von Hängemappen handelt: Erstens bringen Sie so Leben in die Sache und zweitens springen falsch einsortierte Teile sofort ins Auge. Und wenn der Platz für die Beschriftung von Hängemappen nicht ausreicht, nehmen Sie einfach ein zweites Beschriftungsbild (im Fachjargon „Reiter").

! Sie können sich (und anderen) das Rücksortieren extrem erleichtern, indem Sie einfach einen farbigen Haftzettel, der nach oben oder an der Seite deutlich vorsteht, als Platzhalter reinkleben. So sieht man auf Anhieb, wo das Teil hingehört. Und braucht keine Zeit zu investieren, um zu blättern und den richtigen Ablageplatz zu finden. Ein willkommener Nebeneffekt ist außerdem, dass Sie so die Fehlerquote beim Rücksortieren senken können. Wichtig ist natürlich, den Platzhalter nach getaner Arbeit wieder zu entfernen.

Wichtig ist auch, dass Sie Ihren Platz optimal nutzen. So können Sie verhindern, dass Ihre Ablage allzu viel Platz beansprucht. Vielleicht müssen Sie auch mal kreativ werden und Ihre ganz individuelle Lösung ausarbeiten.

Das Ausarbeiten einer sinnvollen inhaltlichen Struktur

Mit sinnvoll ist gemeint, dass Ihr Ordnungsprinzip und die Gliederung in Themen und Bereiche Ihnen die Arbeit erleichtern und Sie unterstützen. Es geht auf gar keinen Fall darum, ein unter theoretisch-wissenschaftlichen Gesichtspunkten perfektes System auszuklügeln und einzuführen. Ich möchte Ihnen dringend ans Herz legen, sich von Anfang an um Struktur und sinnvolles Untergliedern zu kümmern – auch wenn erst wenig Material vorhanden ist. Ein kleines Beispiel soll zeigen, was gemeint ist und warum es so wichtig ist.

z.B.

Nehmen wir an, Sie wollen zu Ihrem Interessengebiet „Tiere und Pflanzen“ ein Archiv anlegen (Fotos, Artikel, Buchrezensionen). Natürlich können Sie jetzt von Anfang an die gesamte Systematik des Fachgebietes Fauna und Flora als zugrunde liegende Struktur einführen. Doch wenn Sie keine hochwissenschaftlichen Absichten verfolgen, ist das gar nicht nötig. Praktisch ist es sowieso nicht. Denken Sie pragmatisch und machen Sie sich die Sache so einfach wie möglich. Vielleicht beginnen Sie mit nur zwei Hängeordnern: einmal „Pflanzen“ und einmal „Tiere“. Doch schon jetzt ist es hilfreich, das wenige Material zu unterteilen und von Anfang an eine Struktur reinzubringen. Wie gesagt, wählen Sie eine einfache und praktische Unterteilung. Vielleicht sind das „Reptilien“ und „Tintenfisch“. Streng systematisch gesehen natürlich verwerflich, aber für Ihre Zwecke wunderbar. Bleiben Sie dran und differenzieren Sie immer erst dann, wenn es sinnvoll ist. Einige Zeit später ist es – angesichts des vorhandenen Materials – möglicherweise sinnvoll, eigene Ordner für die „Eisbären“ und „Pinguine“ anzulegen: natürlich von Anfang an in für Ihre Zwecke relevante Untergruppen eingeteilt (Einzeltiere, Paare, Familien, nach ihrem geographischen Vorkommen, nach Typen).

Die inhaltliche Struktur, für die Sie sich entscheiden, sollte folgende Kriterien erfüllen:

- praktisch und sinnvoll im Sinne der Arbeitsabläufe
- einfach und so weit wie möglich selbsterklärend

Im Prinzip gibt es nur zwei große Möglichkeiten von Ordnungsprinzipien: die chronologische und die thematische. Die dritte Variante – Verschlüsselungen in irgendeiner Form wie das Durchnummerieren, Dezimalsysteme oder Codes – ist weder praktisch noch leicht durchschaubar. Ich kann davon nur abraten.

Und das ist wichtig, um Ihre Ablage sinnvoll zu gestalten und im Griff zu behalten:

- Bevor Sie sich ans Ablegen machen, sollten Sie sich überlegen, welches Ordnungsprinzip am sinnvollsten ist: das chronologische oder das thematische. Gehen Sie davon aus, wie Sie arbeiten und nach welchen Kriterien Sie die Unterlagen im Normalfall suchen würden. Wenn Sie bestimmte Unterlagen nach Eingangs- oder Bearbeitungsdaten suchen, bietet sich das chronologische Prinzip an. Wenn das sinnvollste Suchkriterium der Kundenname ist, sollten Sie Ihre Ablage alphabetisch ordnen.

> **!** Lassen Sie sich nicht dazu verleiten, einen Ordner „Allgemeines“ anzulegen und dort erst mal alles undifferenziert abzulegen. Egal, aus welchen Gründen man eventuell so vorgehen möchte – weil man gerade keine Zeit hat oder weil man erst mal wenig Geld für Büromaterial ausgeben will: Tun Sie es nicht. Denn es ist viel zeitaufwändiger, schwieriger und teurer, später aufzuräumen!

- Es lohnt sich, vorausschauend zu arbeiten. Bringen Sie von Anfang an möglichst viel Struktur rein, die Ihnen morgen das Leben erleichtern wird. Lassen Sie mich an unserem Beispiel Kundendatenablage verdeutlichen, was gemeint ist. Erst mal reicht es wahrscheinlich, einen Ordner pro Buchstaben anzulegen – natürlich nur für die Buchstaben, zu denen es auch eine Ablage gibt. Ich kann Ihnen nur ans Herz legen, von Anfang an das Material auch innerhalb der einzelnen Ordner zu unterteilen und zu sortieren. Also die einzelnen Kundenvorgänge innerhalb eines Buchstabens voneinander getrennt zu halten (Mappen, Dokumentenhüllen sind hier sehr nützlich) und sie alphabetisch zu sortieren. Wenn es mehrere Vorgänge für einen Kunden gibt, ist es sehr hilfreich, auch diese voneinander getrennt zu halten und – in diesem Falle wahrscheinlich am besten nach Datum – zu sortieren.

z.B.

Ablage Kundendaten

Ordner A (alphabetisch sortiert nach Kundennamen):
- Alster
- Auer
- Aztinger

Unterordner für die einzelnen Kunden (Vorgänge sind chronologisch sortiert):
Alster:
- Projektbesprechung 12.03.2005
- ...

Blähen Sie Ihre Ablage niemals durch zu viele und unnötige Unterteilungen auf. Das kostet nicht nur Platz und Geld, sondern geht auch zu Lasten von Übersichtlichkeit und Klarheit. Außerdem steigt natürlich die Wahrscheinlichkeit, Fehler zu machen. Wenn alle Ihre Kundenvorgänge erst mal in einem einzigen Ordner (Kunden A bis Z) gut Platz finden, warum sollten Sie sich dann die Arbeit machen und eine ganze Reihe von Ordnern anlegen? Viel besser ist es, innerhalb des Ordners klar zu strukturieren und dann zu „expandieren“, wenn die Zeit dafür reif ist.

- Passen Sie Ihre Struktur laufend an Ihre Bedürfnisse an. Achten Sie darauf, dass Ihre Ordner oder Mappen nicht unübersichtlich und unhandlich werden oder gar überquellen. Legen Sie neue Ordner an, sobald es sinnvoll ist. Je besser Sie vorgearbeitet, sprich je vorausschauender Sie bisher die Unterlagen abgelegt haben, umso leichter und schneller geht Ihnen diese Arbeit von der Hand.

Leichte Zugänglichkeit

An die Ablage müssen Sie zwar nicht jeden Tag, aber doch regelmäßig. Einmal, wenn Sie Vorgänge aus Ihrem Archiv benötigen, und dann natürlich, um laufend Neues abzulegen. Aus diesem Grunde sollten Sie sich nicht dazu verleiten lassen, Ihre Ablage in den dunklen Keller, in die obersten Fächer eines Schrankes oder andere schwer zugängliche Orte zu verbannen. Klar müssen „Altlasten“ nicht direkt im Büro stehen und unmittelbar greifbar sein. Aber es ist sehr sinnvoll, die Ablage in Reichweite zu haben, damit Sie und alle, die damit zu tun haben, problemlos rankommen können. Das hat auch einen direkten Einfluss darauf, wie motiviert Sie – und/oder Ihre Mitarbeiter – sich um die Ablage kümmern.

Regelmäßige Archivpflege

Dass Regelmäßigkeit eine der wichtigsten Voraussetzungen für eine gut funktionierende Organisation und Verwaltung ist, kann nicht oft genug betont werden. Deshalb: Ein Archiv muss gepflegt werden. Übrigens ein digitales genauso wie ein analoges. Bringen Sie Regelmäßigkeit in Ihre Ablage und lassen Sie nicht zu, dass sich die Dinge stapeln. Nur dann haben Sie auch die nötige Zeit und Muße, um sorgfältig und präzise zu arbeiten.

! Gewöhnen Sie es sich an, aufmerksam zu sein, wenn Sie etwas aus Ihrem Archiv herausnehmen, rücksortieren oder neu ablegen. Nutzen Sie jede Gelegenheit, um mögliche Fehler zu entdecken und natürlich sofort auszumerzen.

Werkzeug Computer

Der Computer ist aus dem Geschäftsleben nicht mehr wegzudenken. Darum ist es wichtig, auch hier eine gute Organisation aufzubauen und zu pflegen – ganz auf die individuellen Bedürfnisse Ihres Unternehmens abgestimmt.

In diesem Abschnitt gibt es grundlegende Informationen zu folgenden Themen:

- Datei-Strukturen, Aufbau und Ordner
- Den Computer kennen und für Notfälle gerüstet sein
- Office-Software und Büroverwaltungssysteme
- Projektsoftware
- Peripherie-Geräte
- Virenschutz

Im Abschnitt „Korrespondenz“ ab Seite 107 finden Sie ergänzende Hinweise und Tipps zum effektiven Einsatz des Computers. Zum Thema Internet/E-Mail gibt es mehr ab Seite 146, zum Thema Terminplanung mit dem Computer ab Seite 56.

Datei-Strukturen, Aufbau und Ordner

Auch im Computer ist eine sinnvolle Struktur/Ablage wichtig – und wird leider häufig vernachlässigt. Hier einige hilfreiche Tipps aus der Praxis:

- Persönliche Dateien von Systemdateien trennen
- Individuelle Verzeichnisse für Mitarbeiter erstellen
- Gemeinsam genutzte Verzeichnisse/Dateien einrichten
- Passwörter vergeben
- Ordner sinnvoll strukturieren

Persönlichen Dateien von Systemdateien trennen

Legen Sie auf jeden Fall separate Benutzerverzeichnisse an, in denen Sie Ihre persönlichen Dateien hinterlegen. Speichern Sie persönliche Dateien niemals in Programmverzeichnissen ab! Erstens wird es unübersichtlich und damit schwieriger, die betreffenden Dateien wieder zu finden – und zweitens ist die Gefahr groß, dass man beim Löschen oder der Neu-Installation eines Programms etwas unabsichtlich beseitigt. Außerdem können Sie so gezielt und unkompliziert die wichtigen Dateisicherungen durchführen (siehe Seite 100).

! Es ist auch möglich, Ihre Festplatte zu partitionieren – das bedeutet, dass die Festplatte in verschiedene Speicherbereiche aufgeteilt wird, die als eigenes Laufwerk angesprochen werden können. Der Vorteil: Sie können bei Systemproblemen die betreffende Partition formatieren, ohne dass Ihre persönlichen Dateien betroffen sind.

Individuelle Verzeichnisse für Mitarbeiter erstellen

Arbeiten Sie im Netzwerk mit mehreren Mitarbeitern, dann ist es sinnvoll, jedem Mitarbeiter sein eigenes Verzeichnis einzurichten. Über die Netzwerk-Software lassen sich die Benutzungsrechte individuell einrichten und die Verzeichnisse beliebig sichtbar oder unsichtbar machen. Unterstützen Sie Ihre Mitarbeiter dabei, eine einheitliche Struktur innerhalb der persönlichen Verzeichnisse einzuhalten, damit sich im Vertretungsfall auch jeder beim anderen auskennt und nicht die große Sucherei beginnt. Vergeben Sie die Zugriffsberechtigungen für die verschiedenen Dateien sinnvoll. Häufig passiert es – auch in kleinen Firmen – dass Kollegen, die sinnvollerweise Zugriff haben müssen, keinen haben oder bekommen.

! Achten Sie dringend auch im Computer auf den Datenschutz. Sensible Dateien, wie beispielsweise Personaldaten, dürfen keinesfalls für jeden zugänglich sein. Bestimmte Dateien dürfen auch nur eine sehr begrenzte Zeit im Computer abgespeichert bleiben.

Gemeinsam genutzte Verzeichnisse/Dateien einrichten

Für Dateien, auf die das ganze Unternehmen – oder eine Gruppe von Leuten – gemeinsam Zugriff haben soll, vergeben Sie im Netzwerk einfach entsprechende Nutzungsrechte. Denken Sie auch daran, gemeinsam genutzte Dateien, wo dies notwendig ist, mit einem Schreibschutz zu belegen. Sonst kann ein Fehler dazu führen, dass eine allgemeine Datei nicht mehr benutzbar wird oder wichtige Formeln oder Feldeingaben überschrieben werden. (Zum Thema Formulare/Korrespondenz lesen Sie mehr ab Seite 107.)

Passwörter vergeben

Beschränken Sie sich in Ihrer Firma auf die nötige Anzahl von Passwörtern: Diese sind dann aber auch wirklich individuell zu benutzen und sollten nicht geraten werden können. Wenn in Ihrer Firma die Passwörter zentral vergeben werden, achten Sie darauf, diese nicht zu kompliziert zu gestalten, sonst führt das dazu, dass die Passwörter aufgeschrieben und an den Computer geklebt werden (ein Unding!) – oder aber, dass die Mitarbeiter sie häufig vergessen und die zuständige Person ständig damit beschäftigt ist, jemandem den Zugang ins System zu ermöglichen. Treffen Sie am besten auch eine interne Regelung zum individuellen Passwortschutz. Einzelne Dokumente mit einem Kennwort zu schützen – oder einen Bildschirmschoner mit Passwortschutz zu versehen – ist in den seltensten Fällen tatsächlich nötig und behindert meist nur die Arbeit.

Ordner sinnvoll strukturieren

Legen Sie eine sinnvolle Ordnerstruktur innerhalb Ihres persönlichen Verzeichnisses an. Auch hier ist es ratsam, ein gesundes Mittelmaß zu finden: Zu wenige Ordner bedeuten, dass diese sehr schnell überfüllt und damit unübersichtlich werden. Zu viele Ordner verwirren und erschweren die Orientierung. Das gilt auch für Unterordner.

z.B.

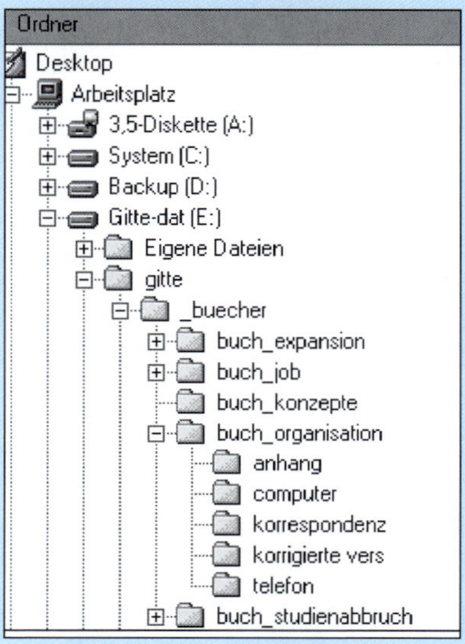

Ich habe mir angewöhnt, ein Verzeichnis anzulegen, das „temporär“ heißt. Alle Dokumente, von denen ich im Vorfeld bereits weiß, dass ich sie nur für kurze Zeit aufzuheben brauche, wandern dort hinein. Das hat den Vorteil, dass ich in regelmäßigen Abständen die älteren Dateien ohne großartig nachzudenken löschen kann – und ich meine sonstigen Ordner, in denen sich Dokumente befinden, die ich aufheben möchte, nicht zumülle.

Achten Sie auch in Ihrem E-Mail-Programm auf sinnvolle Ordneraufteilungen und regelmäßiges Löschen. Ihr Posteingang zum Beispiel sollte immer nur die aktuell zu bearbeitenden und brandneuen Nachrichten enthalten – erledigen Sie die eingehende Post, wenn möglich, gleich. Legen Sie sie sinnvoll ab oder löschen Sie sie nach Kenntnisnahme oder Erledigung.

Den Computer kennen und für Notfälle gerüstet sein

Sie müssen kein Computerfachmann sein – es lohnt sich, sich mit den Grundlagen vertraut zu machen. Viele Leute machen Kurse für eine bestimmte Software oder lesen entsprechende Fachbücher. Die wenigsten machen sich mit dem PC vertraut. Es lohnt sich für jeden, einen Basiskurs zu belegen, wie der PC im Grundsatz funktioniert, was man tun und lassen sollte. (Zum Beispiel das Installieren von neuer Software: Das machen Programme heutzutage fast von alleine, aber auch hier gibt es Detailwissen, das es zu beachten gilt – unter anderem, was Sie tun können, wenn die Installation eben nicht, wie erwartet, automatisch passiert.) Hilfreich ist dieses Basiswissen natürlich auch, um simple Fehler im System, die von jetzt auf die nächste Minute passieren können, selbst und unkompliziert lösen zu können („mein Drucker druckt nicht“, „mein PC fährt nicht normal hoch“).

Für die größeren Notfälle sollten Sie auf jeden Fall einen Ansprechpartner haben. Sehen Sie sich nach jemandem um, bevor Sie ein Problem haben. Sonst geraten Sie unnötig in Panik oder gar Zeitnöte, wenn Sie bei einem Computerproblem erst anfangen müssen, nach einem kompetenten Experten zu suchen.

Absolutes Muss sind Backups: Sichern Sie Ihre Dateien regelmäßig! Schon viele, die geglaubt haben, ihnen „passiert das nicht", haben wichtige Daten verloren. Es gibt verschiedene Möglichkeiten, wie Sie mit wenig Aufwand regelmäßig Ihre Dateien sichern können, zum Beispiel ein ZIP-Laufwerk, per CD-Brenner, per zweiter Festplatte. Denken Sie beim Sichern nicht nur an Ihre Dokumente, sondern auch an Systemordner, wie Ihr E-Mail-Adressbuch, Ihre Internetfavoriten. Wie regelmäßig die Sicherung erfolgen sollte, kommt auf das individuelle Geschäft an: Wer sehr stark vom Computer abhängt und sämtliche Kundentransaktionen im Computer hat, wird täglich sichern müssen – wer nur wenige Dokumente hat, kommt mit größeren Abständen aus. Überlegen Sie sich: Wenn heute Ihr Computer crasht, was würde passieren?

! Wer sehr stark vom PC abhängig ist, sollte auf jeden Fall auch einen „Computerausfall-Plan" parat haben. Das Business darf nicht stillstehen, „nur" weil die Technik ausfällt. Wichtig ist, vorher genau festzulegen, wer was wann macht: Wie können Sie ohne Kundendaten im Computer sicherstellen, dass Ihr Tagesgeschäft weiterläuft? In welcher Form sollen die Transaktionen vermerkt werden? Wie ist der Plan, die entsprechenden Daten schnell ins System einzugeben, sobald die Technik wieder läuft? Gibt es daran anschließend wichtige Abläufe, an die Sie denken müssen? Stellen Sie beispielsweise manuelle Lieferscheine aus, die Sie im System nachholen: Schicken Sie die Lieferscheine anschließend hinterher oder ist das nicht nötig? Gehen Sie Ihre computerisierten Abläufe genau durch, damit Sie keinen Handgriff vergessen. Wenn Sie Mitarbeiter haben, beziehen Sie diese bei der Planung mit ein.

Sprechen Sie diesen Computerausfallplan mit allen Mitarbeitern durch und sorgen Sie dafür, dass die wichtigen Punkte knapp und aussagekräftig zusammengefasst werden und für alle griffbereit sind, wenn es tatsächlich zum „Ernstfall" kommt.

Office-Software/Büroverwaltungssysteme

Die Frage, was besser für Ihr Unternehmen ist – eine Komplettlösung oder Standardsoftware – können wir Ihnen nicht beantworten. Das hängt zu sehr von den individuellen Anforderungen und Arbeitsabläufen ab. Aber wir möchten Ihnen einige Informationen geben, was Sie beachten sollten und welche Möglichkeiten Sie haben.

Die richtigen Programme für die richtige Funktion
Nutzen Sie die Software ihrem eigentlichen Zweck entsprechend. MicrosoftExcel® beispielsweise, eigentlich ein Tabellenkalkulationsprogramm, wird in vielen Firmen als Datenbank zweckentfremdet, meist nur wegen der vorhandenen Tabellen. Natürlich wird es funktionieren, ein Programm für andere Zwecke zu nutzen. Allerdings stoßen Sie hier schnell an Grenzen oder können die Möglichkeiten nicht voll ausschöpfen. Nehmen Sie für Ihre Datenbank ein Datenbank-Programm, für Rechnen und Diagramme ein Tabellenka lkulationssystem, für Grafiken ein Grafikprogramm und für Korrespondenz ein Textverarbeitungsprogramm. In der Regel werden diese Office-Pakete – und hier meine ich nicht nur das von Microsoft® – ohnehin gemeinsam verkauft. Für kleine Unternehmen gibt es Small Business-Lösungen, die häufig sogar kostengünstiger sind. Wenn Sie mit unterschiedlicher Software arbeiten, achten Sie darauf, dass sich die Programme untereinander auch „verstehen" – es nützt Ihnen nichts, Ihre Adressdaten in einem System zu haben, das mit Ihrer Textverarbeitung nicht kompatibel ist.

Komplettlösungen: Büroverwaltung
Es gibt auch komplette Büroverwaltungssysteme: individuell programmierte, die ganz spezifisch auf das eigene Unternehmen zugeschnitten sind, oder „off the shelf"-Produkte, also Standardprogramme. Diese gibt es auch für bestimmte Branchen konzipiert, beispielsweise Software für Anwaltskanzleien. Ob sich so eine Komplettlösung für Sie lohnt, hängt davon ab, was Sie tun – und natürlich von den Anschaffungskosten. Lassen Sie sich bitte nicht durch vermeintlich

hohe Preise gleich abschrecken: Rechnen Sie durch, was Sie die jetzige Arbeit kostet und was Sie sich sparen können, wenn Sie wesentliche Teile davon automatisieren würden. Wie bei allen Investitionen ist interessant, was Sie unterm Strich sparen – Zeit und Geld – und wann sich die Ausgabe amortisiert hat.

Überdimensionieren Sie Ihre Computerprogramme nicht. Es gibt sehr hilfreiche Software, auch Komplettlösungen, mit denen Sie sämtliche Transaktionen in einem einzigen Programm erledigen können. Diese haben natürlich auch ihren Preis. Wenn Ihre Verwaltung einen kleinen Rahmen hat, kommen Sie mit der üblichen Standardsoftware wunderbar aus. Vor allen Dingen, wenn Sie die damit vorhandenen Möglichkeiten (aus)nutzen. Wenn Sie sich für eine Komplettlösung interessieren, fragen Sie beim Vertrieb des Produktes nach, ob sie Ihnen einen Referenzkunden in Ihrer Nähe nennen können. Sie können dann, wenn Sie dort nachfragen, vielleicht das Programm „live" erleben und Informationen aus erster Hand zur Benutzung der Software im Alltag erhalten – natürlich idealerweise in einem branchenverwandten Unternehmen.

Fax-Software

Fax-Software ist eine feine Sache. Für einen Einzel-Arbeitsplatz genauso wie für ein Unternehmen mit mehreren/vielen Mitarbeitern: Dateien können bequem direkt per Fax verschickt werden. Es gibt kein Verlassen des Arbeitsplatzes, keine Verzögerungen im Versand und Empfang. Oft gebrauchte Faxnummern können zentral eingegeben werden. Per Computer-Log lässt sich sofort sehen, ob das Fax ordnungsgemäß versandt wurde oder ob es eine Fehlermeldung gab. Für ein Geschäft ist es in der Regel ganz sinnvoll, zusätzlich ein normales Faxgerät zu haben. Denn es gibt Dokumente, die Sie nicht im PC haben und faxen möchten. Eine Alternative dazu wäre ein Scanner, was allerdings einen zusätzlichen Arbeitsschritt, das Einscannen des Dokumentes, zur Folge hat.

> ! Stöbern Sie mal Ihre Software durch. Häufig haben Sie eine Fax-Software bereits auf dem Computer, zum Beispiel bei der Software zu einer ISDN-Karte.

Projektsoftware

Wer häufig in größere Projekte eingebunden ist und im Team arbeitet, ist unter Umständen mit einer Projektsoftware gut bedient: Wie bei jeder manuellen Projektplanung funktioniert das natürlich nur, wenn jeder der Beteiligten den Stand der Dinge regelmäßig im Computer aktualisiert.

Vorteil einer solchen Software ist, dass sämtliche Bestandteile des Projektes und auch die Zusammenhänge eingegeben werden können – jede Verschiebung, nach vorne oder hinten, wirkt sich durch Verknüpfungen unmittelbar auf die Eingaben aus: Die Konsequenzen für das Gesamtprojekt sind sofort erkennbar. Außerdem fällt es leicht, sämtliche Aufgaben unter Kontrolle zu behalten – und entsprechende Auswertungen zu machen.

Auch hier jedoch noch einmal der Hinweis: Projektplanung wird nicht besser, nur weil sie mit Hilfe des Computers gemacht wird. Jedes Projekt kann auch wunderbar manuell geplant und kontrolliert werden. Ausschlaggebend dafür, ob sich der Einsatz von Projektsoftware lohnt, sind Ihre individuellen Anforderungen: Größe und Umfang (Komplexität) des Projektes und die beteiligten Personen.

! Fordern Sie Demos verschiedener Projektsoftware-Anbieter an und testen Sie das Programm erst mal anhand eines kleineren Projektes. Es ist außerdem auch hier wieder sinnvoll, sich mit einem Anwender zu unterhalten. Vielleicht kennen Sie jemanden – oder der Anbieter nennt Ihnen einen Referenzkunden.

Peripherie-Geräte

Computerunterstützung ist ja nicht nur der Rechner selbst – Peripheriegeräte, wie Drucker und Scanner, gehören mit dazu. Und auch darüber sollten Sie sich Gedanken machen. Denken Sie bei der Arbeitsplatzgestaltung auch daran, dass alle Mitarbeiter bequem die

Geräte erreichen sollen, die sie für ihre Arbeit brauchen. Das kann bedeuten, dass ein Strom- oder Netzwerkanschluss verlegt werden muss: Passen Sie die Technik Ihren Abläufen an und nicht umgekehrt.

Wie mit allen Bürogeräten sollte sich jeder Mitarbeiter auch damit auskennen. Nur zu oft ist das nicht der Fall – oder sie trauen sich an ein Gerät nicht ran, was zu unnötigen Stauungen führt. Gerade, wenn es eilt und der Drucker plötzlich eine Fehlermeldung zeigt, ist schnell Panik angesagt. Dabei ist ein Papierstau in der Regel sehr einfach zu beheben. Und auch eine neue Tintenpatrone oder Tonerkartusche ist leicht ausgewechselt. Aber eben nur, wenn man das Gerät kennt. Klar, dass auch die Bedienungsanleitung beim jeweiligen Gerät aufbewahrt werden und nicht irgendwo in einer Schublade vermodern sollte.

! Es lohnt sich, die gängigsten Fehlermeldungen auf einem extra Blatt zusammenzufassen – und die Schritte zur Behebung noch einmal kurz und aussagekräftig zusammenzufassen.

Virenschutz

Ein absolutes Muss auf Ihren Firmen-PCs ist eine stets aktualisierte Virensoftware! Zusätzlich ist es natürlich auch wichtig, dass Sie und Ihre Mitarbeiter sich verantwortungsbewusst verhalten, was die Firmenrechner betrifft. Dazu gehört:

- Keine Fremdsoftware mitbringen und installieren, ohne dass sie die Person, die für die Computer zuständig ist, freigibt.
- Wenn Sie mit E-Mail arbeiten: keine fremden Dateien ohne Virencheck öffnen. Und auf keinen Fall irgendwelche Dateianhänge, die ausführende Programme enthalten, einfach mal eben öffnen. (Ein paar Websites zum Thema Viren finden Sie im Anhang.)

Natürlich sollte es auch selbstverständlich sein, dass jede Software, die sich auf Ihren PCs befindet, auch ordnungsgemäß gekauft und in ausreichender Anzahl lizenziert ist. Heben Sie die Belege und Software-Lizenzen gut auf! Und gestatten Sie bitte auch keinem Mitarbeiter, Bürosoftware mal eben mit nach Hause zu nehmen und auf dem eigenen PC zu installieren. Das kann sonst unangenehme Folgen für Sie haben – und viel Geld kosten.

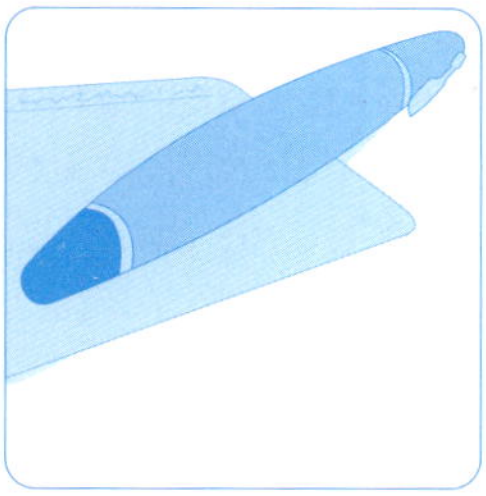

Korrespondenz

Um Korrespondenz kommen Sie nicht rum – egal in welcher Branche Sie tätig sind. Auch in diesem Bereich gilt: Planung und Organisation lohnen sich. In diesem Kapitel geht es um

- Planung und Organisation Ihrer Korrespondenz
- Briefpapier und Visitenkarten
- Hilfreiche Technik
- Die richtige Wirkung erzielen: Unternehmenssprache und Layout
- Sieben Tipps für wirkungsvolle Korrespondenz
- Reaktionszeiten
- Internet und E-Mail

Planung und Organisation Ihrer Korrespondenz

Gehören Sie zu den Menschen, die meistens reagieren? Es steht eine Messe bevor – „oops, da brauchen wir ein Mailing“. Es kommt eine Anfrage – „oh, da schreib ich ein Angebot“. Solche Spontan-Aktionen lassen sich natürlich nicht immer vermeiden. Jedoch können Sie sehr viel Zeit und Aufwand sparen, wenn Sie Ihre Korrespondenz richtig planen.

Zuständigkeiten, Abläufe und Entscheidungsbefugnis regeln

Für eine zeitsparende und effektive Organisation Ihrer Korrespondenz müssen in erster Linie die Grundlagen stimmen. Verschaffen Sie sich einen Überblick über die Zuständigkeiten und Abläufe in Ihrem

Unternehmen. Wenn Sie Einzelkämpfer sind, kann es natürlich sein, dass das Thema „Zuständigkeiten“ für Sie keines ist – vielleicht haben Sie aber bestimmte Aufgaben outgesourct, zum Beispiel buchhalterische Tätigkeiten, oder Sie beschäftigen eine Aushilfskraft.

Idealerweise ist innerhalb des Unternehmens klar, wer sich worum kümmert. Sonst kommt es unter Umständen dazu, dass zwei Mitarbeiter die gleiche Arbeit machen – bestenfalls werden „nur“ Zeit und Arbeit vergeudet, schlimmstenfalls geht das Ergebnis dann doppelt an Ihren Kunden und vermittelt den Eindruck „da weiß die Rechte nicht, was die Linke tut“. Oder aber es passiert gar nichts: Anfragen bleiben liegen, weil sich niemand zuständig fühlt oder sich jeder darauf verlässt, dass der andere sich schon darum kümmern wird. Auch hier gibt es natürlich die Variante, dass reagiert wird, aber verspätet – und auch das macht nicht nur einen schlechten Eindruck, sondern kann unter Umständen Ihren Erfolg stark mindern.

z.B. Sie sind Aussteller auf einer Messe. Die Einladungen, die verschickt werden sollten, gehen erst kurz vor der Veranstaltung raus, weil sich niemand zuständig fühlte. Durch zu knappen Vorlauf bekommt Ihre Einladung weniger Resonanz als eigentlich möglich gewesen wäre.

Auch die Abläufe sind sehr wichtig: Was passiert beispielsweise, wenn Sie einen Brief schreiben? Schreiben Sie diesen selbst direkt in den Computer? Oder machen Sie einen Entwurf per Hand – und jemand anderer tippt ihn ab? Oder diktieren Sie? Auf Seite 118 kommen wir zum Thema „sich einen Überblick verschaffen“, was die Schriftstücke in Ihrem Tagesgeschäft betrifft. Es lohnt sich, diesen Überblick schriftlich zu machen: Die Liste der gesamten Korrespondenz, die daraus entsteht, ist Ihre Ausgangsbasis, um die beteiligten Personen und die Wege jedes Schriftstückes nachvollziehen zu können. So sehen Sie, wo doppelte Arbeit entsteht, wo es zu Staus kommt – und können sich ganz gezielt um Lösungen kümmern.

Eine Entscheidung, die Sie dann vielleicht noch treffen müssen, sind die Zuständigkeiten: Wissen Ihre Mitarbeiter – Aushilfskräfte, externe Dienstleister oder Festangestellte –, was sie selbst entscheiden können und in welcher Form eine (Re)Aktion im Unternehmenssinne erfolgt? Und wenn sie es wissen: Tun es auch alle? Und können es auch alle? Wenn Ihre Antwort „nein" ist oder sich ein großes Fragezeichen über Ihrem Kopf bildet, wissen Sie, was zu tun ist.

z.B.

- Der Abteilungsleiter eines kleinen Technikunternehmens hat das Fax eines Mitarbeiters gesehen, in dem fehlerhafte Informationen stehen. Er gibt an die gesamte Abteilung die Anweisung, dass kein Fax/Brief mehr das Haus verlässt, ohne dass es über seinen Tisch gewandert und abgesegnet ist.

- Der selbstständige Trainer tut sich schwer, Briefe am Computer zu schreiben. Deshalb schreibt er sämtliche Briefe per Hand vor und tippt sie anschließend mühselig im Adler-Suchsystem in den PC.

- Die Sekretärin eines Geschäftsführers traut sich nicht, auf Briefe zu antworten – auch wenn es um simple Inhalte geht. Der Vorgesetzte verzweifelt, denn obwohl er seiner Mitarbeiterin immer wieder die Erlaubnis gibt, legt sie ihm die komplette unbeantwortete Post vor.

- Im Vertrieb eines kleinen Unternehmens kommt die Post gesammelt zur Team-Assistentin. Diese beantwortet die Briefe letztlich, hat aber fachlich von den meisten Dingen keine Ahnung. Deshalb gibt sie die Briefe zuerst in den Vertrieb: Dort werden handschriftlich Vermerke gemacht. Häufig kann die Team-Assistentin jedoch nicht verstehen, was gemeint ist – zum Teil wegen schlechter Handschrift – und gibt das Schriftstück erneut zurück, mit der Bitte um Klärung. Oder sie geht persönlich zu dem Kollegen, um nachzufragen.

Schon diese kurz angerissenen Beispiele zeigen, was alles schief gehen kann oder aber was sich optimieren lässt, wenn man genauer hinsieht – und dann auch die richtigen Maßnahmen trifft, um Abhilfe zu schaffen.

Posteingang und -ausgang optimieren

Korrespondenz bedeutet nicht nur das Erstellen und Bearbeiten der Schriftstücke. Selbstverständlich geht es auch um die Abläufe, die damit verbunden sind. Überall wird über Zeitmangel und zu viel Arbeit geklagt. Das beste Rezept dafür, Zeit und Aufwand zu optimieren ist es, auf die Details zu achten! Denn selten wird es gelingen, große Zeitblöcke auf einmal zu sparen. Die wirkliche Ersparnis summiert sich aus effektiverem und effizienterem Arbeiten in vielen kleinen und unscheinbaren Bereichen.

Es gibt die schöne Formel:

Effektivität	=	die richtigen Dinge tun
Effizienz	=	die Dinge richtig tun

Anhand des Beispiels Posteingang und -ausgang erfahren Sie jetzt, wie Sie einzelne Tätigkeitsbereiche optimieren können. Bitte nutzen Sie die Informationen in diesem Buchabschnitt allgemein: Auch wenn die Postbearbeitung in Ihrem Kleinunternehmen keine so große Rolle spielt, etwa weil Sie kein großes Postaufkommen haben, können Sie daraus für sich Informationen und Tipps gewinnen und auf andere Bereiche anwenden. Abgesehen davon: Auch bei wenigen Briefen können Sie durch unökonomisches Vorgehen unnötig Zeit und Energie vergeuden. Also lassen Sie sich nicht beirren, indem Sie Aufgabenbereiche als „ist sowieso keine große Sache" von vornherein nicht beachten.

Posteingang

Damit Sie sich leichter tun, das Thema Posteingang in Hinsicht auf Ihre Bedürfnisse zu betrachten, hier beispielhaft einige Fragen, die Sie sich stellen sollten. Am besten schreiben Sie auch hier wieder alles auf, was Ihnen dazu einfällt – auch wenn es Ihnen nebensächlich erscheint.

- Wie sieht Ihre Post aus, woraus besteht sie?
  (Anfragen, Korrespondenz zu laufenden Geschäftsvorgängen, Angebote/Werbung/Mailings, Rechnungen, abonnierte und unaufgefordert geschickte Zeitschriften)

- Wann wird die Post üblicherweise zugestellt?
  Zu manchen Empfängern kommt die Tagespost erst am späten Vormittag oder frühen Nachmittag. Bei kleinen Unternehmen lohnt sich natürlich die persönliche Zustellung zu einem früheren Zeitpunkt – die es für Firmen mit großem Postaufkommen gibt – nicht. Sie können sich jedoch überlegen, ob sich ein Postfach für Sie auszahlt. Apropos „zahlen" – laut Information auf der Webseite der Deutschen Post AG *(www.deutschepost.de)* wird ein einmaliges Entrichtungsentgelt von derzeit 15 Euro für ein Postfach fällig. Der Vorteil des Postfaches: Sie können Ihre Post bereits morgens abholen – Sendungen, die direkt an Ihre Postfach-Anschrift gehen, liegen bereits am frühen Morgen bereit, Post, die an Ihre Hausanschrift gerichtet ist, wird nachsortiert und kommt erst etwas später ins Fach. Beides jedoch immer noch zu einem früheren Zeitpunkt als die normale Zustellung.

  Ansonsten lohnt sich natürlich auch immer das Gespräch mit Ihrem Briefträger. Dazu das Beispiel einer Selbstständigen, das ich in einer Zeitschrift gelesen habe: Sie war verzweifelt darüber, ihre Post immer erst nachmittags zu erhalten, da sie am Ende der Straße wohnte und der Briefträger erst ganz zum Schluss zu ihr kam. Sie sprach mit dem Austräger und gemeinsam kamen sie auf die einfache, aber effektive Lösung, dass die Selbstständige ihre Post am Fahrrad des Zustellers selbst abholte: Sie ging einfach zu dem Haus, an dem der Postbedienstete seine Zustellung begann, und konnte dadurch ihre Tagespost deutlich früher in Empfang nehmen und bearbeiten.

- Wie wichtig ist die Tagespost für Ihr Alltagsgeschäft?
  Verfolgen Sie in Gedanken einmal Ihre verschiedenen Geschäftsprozesse: Wenn Sie Einzelkämpfer sind – welchen Stellenwert hat die Tagespost für Sie und wie schnell müssen/wollen Sie damit arbeiten? Wenn Sie in einem Team arbeiten: Beachten Sie auf jeden Fall auch die Tätigkeiten Ihrer Mitarbeiter, nicht nur den Zeitpunkt der Verteilung. Was passiert oder sollte idealerweise passieren, sobald die Post verteilt ist?

- Auf welchem anderen Weg erhalten Sie schriftliche Mitteilungen?
  Berücksichtigen Sie nicht nur die Briefpost: Schlüsseln Sie auch Faxe und E-Mails nach dem gezeigten Schema auf. Gerade E-Mails werden oft vernachlässigt (dazu mehr ab Seite 148).

- Wird Ihre Post vorsortiert? Nach welchen Kriterien?
  Bekommen Sie die Post in einem Stapel oder ist jemand dazwischen geschaltet: Das kann jemand sein, der die Verwaltung für Sie erledigt – oder auch, wenn Ihr Unternehmen aus mehreren Mitarbeitern besteht, jemand, der speziell für Posteingang und -ausgang zuständig ist. Bekommen Sie Ihre Post in einem großen Stapel oder ist persönliche Post von Werbebriefen und Zeitschriften-Abos getrennt? Wird die Post nach Kriterien wie wichtig/unwichtig, dringend/kann warten, sofort bearbeiten/nur zur Info vorsortiert?

- Wie wird Ihre Post intern verteilt?
  Wird die Post am Ort des Öffnens in Fächer gelegt, wo sie sich die jeweiligen Mitarbeiter abholen oder wird sie im Büro „ausgetragen“, also jedem Mitarbeiter direkt an den Schreibtisch gebracht? Bekommen Sie die gesamte Post oder wird Unwichtiges aussortiert oder werden Anfragen gleich selbstständig von einem Mitarbeiter erledigt? Kennt die Person, die mit dem Sortieren und Verteilen beauftragt ist, genügend Details, um die Arbeit auch wirklich effektiv zu machen? Damit ist gemeint: Kann die Person beurteilen, welche Sendungen inhaltlich in welche Abteilung/zu welcher Person gehören? Ist abgesprochen, welche Post gleich aussortiert werden sollte/kann? Kennt die Person alle Mitarbeiter mit den jeweiligen Zuständigkeiten gut genug?

> **!** Achten Sie auch auf die Situation, wenn Sie abwesend sind – vor allen Dingen, wenn es sich um mehrere Tage handelt. Gerade wenn Sie sich nach Urlaub/Geschäftsreise/Krankheit einen schnellen Überblick verschaffen müssen, ist es unabdingbar, dass Ihre Post sinnvoll vorsortiert ist und nicht etwa auf einen großen unübersichtlichen Stapel oder nur nach Posteingang sortiert ist.

- Wann bearbeiten Sie die Post?
  Gehen Sie Ihre Tagespost auch täglich durch? Oder sammeln Sie die Post einige Tage und machen sich dann an die „Verwaltung"? Gibt es Unterschiede, je nach Sendung?

- Wer bearbeitet die Post?
  Diesen Punkt haben wir bereits kurz angesprochen: Bearbeiten Sie die Post ganz allein, hilft Ihnen eine Aushilfe oder haben Sie einen festen oder freien Mitarbeiter dafür? In welchem Maß wird die Post von jemand anderem erledigt? Unterscheiden Sie in Ihren Aufzeichnungen auch wieder nach Art der Sendung.

- Gibt es einzelne Bearbeitungsschritte bis hin zur Erledigung? Welche?
  Gehen Sie den Weg der einzelnen Sendungen mal in Gedanken durch: Wer macht was damit, sobald die Post bei Ihnen ankommt? Schreiben Sie diese Bearbeitungsschritte einmal für jede Versandart (und jeden Bearbeiter) auf.

Schon beim Aufschreiben kann es sein, dass Ihnen einige Zwischenschritte als unnötig oder umständlich auffallen. Oder dass Sie unterschiedliche Vorgehensweisen feststellen, von denen die eine oder andere generell eingeführt werden sollte, weil sie am meisten Sinn macht.

> **z.B.** Eine Anwaltskanzlei hatte ein Faxgerät mit Thermopapier. Da Thermopapier-Faxe nach einiger Zeit unleserlich werden, weil die Schrift verblasst, musste in dieser Kanzlei jedes eingehende Fax noch einmal kopiert werden, bevor es zu den Akten kam.

Nur so ließ sich verhindern, dass wichtige Schriftstücke buchstäblich „verschwinden". Selbstverständlich war die weitaus sinnvollere und kostensparendere Lösung die Investition in ein Normalpapierfax.

Übrigens: Überlegen Sie sich, ob sich ein Posteingangsstempel lohnt. Je nachdem, wie viel Post Sie erhalten und auch wie wichtig diese ist, können Sie nur dadurch etwaige Differenzen zwischen dem auf dem Brief angegebenen Datum und dem tatsächlichen Eingangsdatum feststellen. Das hilft Ihnen zum einen dabei, die Post und Ihre Reaktionszeiten einzuordnen: Wenn Sie einen Brief erhalten, auf dem das Absenderdatum von vor einer Woche steht, könnte der Brief mehrere Tage unbearbeitet bei Ihnen im Haus gelegen sein. Auch bei Rückfragen, die durch Verzögerungen entstehen, können Sie direkt Auskunft geben, wann Sie die Sendung erhalten haben.

Postausgang

Erledigen Sie Ihre Post gesammelt am Ende des Tages? Oder machen Sie einzelne Briefe zwischendurch komplett fertig? – Je nachdem, wie viel Post Sie verschicken, ist das Sammeln sinnvoll, um die damit verbundene Arbeit zu bündeln und unter dem Strich Zeit und Aufwand zu sparen.

Hilfsmittel und Informationen bereithalten

Wichtig ist, dass Sie auf jeden Fall die für Ihren Postausgang wichtigsten Werkzeuge im Haus haben: Informationen von Post oder Kurierdiensten über Sendungsarten und Tarife, eine Briefwaage, Versandmaterial und Porto – und wichtige Formulare/Aufkleber, die das jeweilige Versandunternehmen verlangt.

Ob es sich um ein Einschreiben bei der Post handelt – oder um bestimmte Frachtscheine eines bestimmten Kurierdienstes: Bei vielen Sendungsarten brauchen Sie ein spezielles Formular oder einen Aufkleber. Decken Sie sich mit relevanten Formularen ein. Sie können neue Formulare entweder bei dem betreffenden Unternehmen anfordern oder bei Bestellung darum bitten, dass der Fahrer/Abholer welche mitbringt. Sofern Sie ein sehr hohes Postaufkommen haben, gibt es bei manchen Unternehmen Sammelformulare. Außerdem druckt man Ihnen auf Anfrage meist gerne Ihre Absenderdaten und Kundennummer maschinell in die Frachtformulare.

! Auch wenn es mittlerweile die meisten Informationen im Internet gibt: Besorgen Sie sich bei der Post oder bei den von Ihnen bevorzugten Kurierunternehmen gedruckte Informationen: Meist erhalten Sie dort übersichtliche Tabellen, was Sie wie zu welchem Preis und in welcher Zeit verschicken können. Achten Sie generell auf Größe und Gewicht – nicht nur, weil es peinlich ist, wenn Ihre Geschäftspartner Nachporto bezahlen müssen, sondern auch, weil viel Porto gespart werden kann.

Häufig werden beispielsweise Briefe, die bequem in ein Lang Din-Kuvert passen würden, im A5-Kuvert verschickt – was deutlich mehr Porto kostet. Für die Briefpost gibt es spezielle Schablonen, durch die Sie größere Briefe stecken können, um auf den ersten Blick zu sehen, wie viel die Sendung kostet.

Zusammenarbeit mit Kurierdiensten

Fertigen Sie eine Übersicht von Kurierdiensten mit Telefonnummern und gegebenenfalls Ihrer Kundennummer an und halten Sie diese griffbereit. Dies erleichtert es jedem in Ihrem Unternehmen, schnell bei einem Kurierdienst nachzuhaken, einen Fahrer zu bestellen – oder Informationen einzuholen. Sofern einer Ihrer Kunden die Sendung per Kurier anfordert, fragen Sie nach, ob ein bestimmter Kurier bevorzugt wird. Sofern der Empfänger für den Versandweg bezahlt, ist das abrechnungstechnisch meist einfacher, zum Beispiel, weil der Empfänger vom Kurierdienst Sammelrechnungen erhält. Wenn Sie öfter mit Kurierfirmen arbeiten – ob innerhalb Ihrer Stadt oder deutschlandweit: Sie können bei vielen Kurierunternehmen ab einem bestimmten Aufkommen über den Preis verhandeln und eine Sondervereinbarung treffen. Außerdem ist es, wie eben kurz angesprochen, möglich, dass Sie eine Vereinbarung über Sammelrechnungen treffen: Anhand der Frachtformulare oder Quittungen, die Sie dem Fahrer ausstellen, wird die Rechnung gestellt.

- Briefwaage
  Legen Sie sich auf jeden Fall eine gute Briefwaage zu. Die lohnt sich bereits, wenn Sie nur wenige Briefe am Tag verschicken. Sie gehen dann immer auf Nummer sicher, dass Sie ausreichend frankieren. Und Sie ersparen es sich dadurch, extra zur Post zu gehen, weil Sie vermuten, dass eine Sendung in die höhere Portokategorie fallen könnte. Briefwaagen gibt es in verschiedensten Varianten und Preisklassen: Wer nur wenige Sendungen täglich hat, kommt mit einer einfachen Plastikwaage wunderbar aus, wenn Sie mehr haben, empfiehlt sich eine stabilere Ausführung. Wer nur selten größere Sendungen hat, kann sich möglicherweise mit der Küchen- oder Personenwaage behelfen. Firmen, die häufiger Päckchen und Pakete versenden, sollten in eine Paketwaage investieren (auf ausreichend Gewichtsskala achten).

- Versandmaterial und Briefmarken
  Kuverts in verschiedenen Größen sollten Sie immer im Haus haben. Je nachdem, was Sie verschicken, auch entsprechendes Material, um die Sendung gut zu schützen. Ein Tipp: Wenn Sie selbstklebende Kuverts verwenden, kaufen Sie nicht gleich einen Zehn-Jahres-Vorrat. Bei langer Lagerung trocknet die Klebeschicht nämlich aus und verliert ihre Haftfähigkeit. Abgesehen davon sieht es unansehnlich aus, was dem Unternehmensauftritt schadet. A5- und A4-Kuverts mit Fenster sind praktisch, weil Sie die Empfänger-Adresse nicht außen auf dem Kuvert wiederholen müssen. Achten Sie auch auf einen Vorrat an Briefmarken in sinnvoller Stückelung. Oder prüfen Sie bereits frankierte Briefkuverts/Pakete, wie sie die Post anbietet.

- Firmenstempel
  Was Sie auf jeden Fall haben sollten, ist ein Firmenstempel – für Ihren Postausgang oder auch für Frachtpapiere oder Quittungen. Stempel gibt es in unterschiedlichen Ausführungen: Es lohnt sich, in einen massiven Stempel mit integriertem Stempelkissen zu investieren. Stempelgeschäfte können anhand eines guten Ausdruckes (Laserdrucker) Ihren Firmenstempel auch gestalterisch ansprechend umsetzen, also etwa mit Logo. Billigstempel mit selbstgebautem Stempelfeld-Bausatz sehen entsprechend selbstgemacht und billig aus. Das ist am falschen Ende gespart.

- Technik
  Noch ein paar Worte zu möglicherweise sinnvoller Technik. Das „möglicherweise“ bezieht sich auf Ihr Postaufkommen. Wenn Sie viel Post haben, kann sich die Anschaffung einer Frankier- und/oder Faltmaschine lohnen. Wenn Sie die Anschaffung ins Auge fassen: Setzen Sie bitte den Preis dafür ins richtige Verhältnis. Häufig wird hier leider nur sehr oberflächlich verglichen à la „für zweitausend Euro kommen wir billiger weg, wenn die Aushilfe das macht“. Rechnen Sie aus, was die Aushilfe Sie tatsächlich kostet – und was sie in der Zwischenzeit Ertragreicheres erledigen könnte. Und rechnen Sie auch aus, wann sich die Maschine amortisiert.

- Arbeitsabläufe
  Sofern Sie in einem Unternehmen mit mehreren Mitarbeitern arbeiten, gibt es unter Umständen eine zentrale Poststelle oder einen Mitarbeiter, der für den Postausgang verantwortlich ist. Sehen Sie sich – ähnlich wie beim Posteingang – auch hier die Arbeitsabläufe genauer an. Wer macht wann was? In manchen Firmen „tüten“ die Mitarbeiter ihre Post selbst ein und legen sie dann in einen gesammelten Postausgang. In anderen werden Briefe intern weitergegeben und eine andere Person kümmert sich um die Weiterbearbeitung.

Gehen Sie diese Handgriffe einmal von A bis Z durch und überlegen Sie, wo Sie die Abläufe verbessern können. Es lohnt sich, diese Zeit zu investieren (gerade dann, wenn Sie eigentlich gar keine Zeit dafür haben): Denn nur durch solche Aktionen können Sie unnötigen Zeit- und Arbeitsaufwand eliminieren – und von der frei gewordenen Kapazität profitieren.

Standardbriefe vorbereiten

Auch hier ist das Erste, was Sie brauchen, ein Überblick über die Art der Korrespondenz. Schreiben Sie sich auf, welche Schriftstücke Ihr Haus verlassen. Versuchen Sie nicht, sofort eine Ordnung reinzubringen – schreiben Sie einfach der Reihe nach auf, was Ihnen in den Sinn kommt, wenn Sie an Briefe, Faxe und E-Mails denken.

z.B.

Gängige Beispiele verschiedener Schriftstücke:

- Antwortbriefe auf individuelle Anfragen
  wegen Honoraren – allgemein
  wegen Honoraren – spezifisch
  wegen Produkten – allgemein
  wegen Produkten – spezifisch
  Fragen zur Zusammenarbeit – allgemein
  Fragen zur Zusammenarbeit – spezifisch
  Sondervereinbarungen – Rahmenverträge
  Sondervereinbarungen – Einzelfall

- Rechnungen

- Mailings
  „Kalt-Akquise“ – allgemein
  Information/Angebot eines bestimmten Produktes
  Ankündigung/Einladung für eine Veranstaltung
  Nachhak-Mailing auf ersten Kontakt („follow-up“)
  Nachhak-Mailing nach Messe („follow-up“)

- Erinnerungen/Mahnungen
  Rechnungsmahnungen (welche und wie viele gibt es bei Ihnen?)
  Mahnungen wegen Lieferverzug
  Einholen fehlender Informationen

Sortieren Sie nun Ihre Liste nach sinnvollen Kategorien – eventuell wie in der Beispielliste angegeben. Markieren Sie die Schriftstücke, die häufig vorkommen: Vielleicht machen Sie nur einmal im Jahr ein Werbemailing, Angebote gehen jedoch täglich/mehrmals pro Woche raus. Es ist wichtig, das zu unterscheiden, weil sich dadurch bereits eine Priorität ergibt: Da Sie sich entschlossen haben, sich optimal zu organisieren, ist es auch wichtig, dass Sie wissen, womit Sie sofort einen merkbaren Effekt erzielen.

Gehen Sie jetzt die verschiedenen Briefarten separat durch. Da wir Standardbriefe vorbereiten möchten, ist es wichtig, noch fehlende Aspekte zu differenzieren:

- Welche Briefe sind inhaltlich in großen Teilen identisch?
  Beispiel: Sie verschicken Unterlagen über Ihr Angebot mit einem Begleitbrief. Wenn Ihnen vom Anfragenden nichts Näheres bekannt ist, wird es sich dabei wohl um einen allgemein gehaltenen Brief handeln à la „Gerne schicke ich Ihnen die angeforderten Unterlagen“. In diesem Fall macht es Sinn, eine Briefvorlage zu erstellen (sofern Sie noch keine haben), diese aber auf jeden Fall so zu personalisieren, dass sich der Interessent persönlich angesprochen und individuell „bedient“ fühlt.

- Welche Briefe enthalten gleiche Elemente, sind aber unterschiedlich?
  Beispiel: Wenn Sie ein Angebot machen, besteht dies sicher aus unterschiedlichen Elementen – unter Umständen wird ein Teil davon allgemein erklärt, das Angebot selbst aber individuell der Anfrage angepasst. Bei Briefen dieser Art ist es gut herauszufinden, ob sich verschiedene Briefvorlagen lohnen – je nach Thema

vorbereitet – ob es sinnvoller ist mit Textbausteinen zu arbeiten oder ob eine Kombination die beste Lösung ist.

z.B. Ein Unternehmen der Medienbranche erhielt täglich viele Preisanfragen allgemeiner Art. Die Preisliste der Firma umfasste an die hundert Seiten, so dass sie an Kunden nicht komplett verschickt wurde. Man behalf sich mit Preisbeispielen je Nutzungsart. In diesem Fall war es sehr sinnvoll, verschiedene Angebotsvorlagen zu erstellen, die jeweils Rechenbeispiele für die diversen Produktnutzungen beinhalteten. Zusätzlich wurde mit Textbausteinen gearbeitet, wenn in der Anfrage weitere Details zum allgemeinen Ablauf erfragt wurden.

Was Sie bei Standardbriefen/Vorlagen beachten sollten

Da jedes Geschäft unterschiedlich ist, was die Inhalte und auch den Firmenauftritt angeht, ist es nicht sinnvoll, an dieser Stelle Standardbeispiele zu geben. Wir möchten Ihnen jedoch einige allgemeine Hinweise geben, was Sie unbedingt berücksichtigen sollten, wenn Sie Vorlagen erstellen.

Standardbriefe müssen immer individuell angepasst werden! Auch wenn Ihre Geschäftspartner natürlich wissen, dass Sie vermutlich mit Vorlagen arbeiten, vor allem, wenn es sich um Standards handelt wie Mailings oder auch Angebote, sollte die Vorlage immer persönlich formuliert sein! Benutzen Sie eine Vorlage bitte immer nur als Grundgerüst, ändern Sie, wo es geht, Passagen ab und individualisieren Sie sie. Jede Vorlage sollte so gestaltet sein, dass sie unnötige Arbeit spart.

z.B.

Sie haben ein Standard-Fax für Honorarangebote. Dass Sie die Anrede persönlich gestalten, ist selbstverständlich. Nutzen Sie den Beginn und das Ende, um das Angebot persönlich zu gestalten.

Statt

Sehr geehrte Damen und Herren,

vielen Dank für Ihre Anfrage vom xx.xx.xx.

Das Honorar beträgt ...

Mit freundlichen Grüßen
Gitte Härter

können Sie auch schreiben

Guten Morgen, Frau Öttl,

danke für das nette Telefongespräch von vorhin. Gerne nenne ich Ihnen das Honorar ...

Viele Grüße nach München
Gitte Härter

Ein Hinweis zur Schrift in E-Mails: Wenn Sie Schriftstücke mailen, ist es wichtig, darauf zu achten, dass die gewählte Schrift auch beim Empfänger vorhanden ist. Sofern die Firmenschrift eher selten ist, empfiehlt es sich, bei per E-Mail verschickten Dokumenten auf eine Standardschrift (Arial, Times New Roman) zurückzugreifen. Sonst ersetzt der Computer des Empfängers die Schrift durch eine andere. Das kann dazu führen, dass ein von Ihnen makellos verschickter Brief beim Empfänger nicht besonders ästhetisch wirkt.

> **!** Es gibt Briefe, bei denen es keine Standardvorlagen geben darf! Dazu gehören Reklamationen: Es ist fatal, wenn eine Beschwerde mit einem offensichtlich unpersönlichen Serienbrief quittiert wird. Denn damit verärgern Sie den Beschwerdeführer erst recht!

Hierzu ein Beispiel: Ich habe mich bei einer renommierten Restaurantkette schriftlich darüber beklagt, dass sie in der örtlichen Niederlassung seit über zehn Jahren (!) nur mittelmäßigen bis schlechten Service haben. Detailliert begründete ich meine Reklamation mit einigen negativen Erlebnissen aus der nahen Vergangenheit. Per Brief erhielt ich folgende Antwort:

> Sehr geehrte Frau Härter,
>
> herzlichen Dank dafür, dass Sie sich die Zeit genommen haben, uns Ihr gastronomisches Erlebnis mitzuteilen. Wir sind froh, wenn wir Meinungen und Hinweise unserer Gäste vernehmen dürfen. Nur so können wir Schwachstellen erkennen und uns verbessern. Das Wohlbefinden unserer Gäste ist ja unser höchstes Ziel!
>
> Wir bedauern es außerordentlich, dass Sie Ihren Aufenthalt in unserem Restaurant nicht genießen konnten. Wir können Ihre Enttäuschung in diesem Fall sehr gut verstehen. Dies entspricht in keiner Art und Weise unseren Vorstellungen und Richtlinien von Gästebetreuung. Wir entschuldigen uns in aller Form und werden die nötigen Maßnahmen einleiten, damit sich Derartiges in Zukunft nicht mehr ereignet.
>
> Sehr geehrte Frau Härter, wir würden uns freuen, Sie auch in Zukunft wieder unter unseren Gästen begrüßen zu dürfen.
>
> Mit freundlichen Grüßen

Dieser Serienbrief ist ein Schlag ins Gesicht: Ganz offensichtlich handelt es sich hier um eine Aneinanderreihung von Floskeln, die – selbst wenn die Restaurantleitung tatsächlich betroffen ist und den Willen zur Verbesserung hat – in keiner Weise glaubwürdig sind. Beachten Sie auch die ungeschickte Wortwahl: Meine Reklamation bezog sich auf diverse Besuche in den letzten zehn Jahren – der Brief geht auf „mein gastronomisches Erlebnis" ein. Es ist ein Unding, bei negativen Erfahrungen von einem „Erlebnis" zu sprechen. In diesem Fall wäre es besser, wenn das Unternehmen überhaupt nicht geantwortet hätte als mit einem nichtssagenden Standardbrief. Bei schwierigen Briefen, wie etwa an einen unzufriedenen Kunden oder bei einem kritischem Feedback, ist es immer wichtig, sich individuell und ohne übliche Floskeln zu melden. Am besten persönlich, anstatt sich hinter einem Brief zu verstecken.

Briefpapier und Visitenkarten

Bei guter Organisation Ihrer Korrespondenz geht es nicht nur um das Organisieren an sich, sondern immer auch um die Resultate. Deshalb sehen wir uns jetzt auch Ihr Briefpapier an.

Briefpapier

Nicht nur Einzelkämpfer, auch kleinere Firmen drucken häufig den kompletten Briefkopf selbst aus. Empfehlenswert ist das nicht, auch wenn wir es in unserer eigenen Firma anfangs ebenso gehandhabt haben. Vorrangig aus Kostengründen. Wer mit dem Laserdrucker schwarz-weiß ausdruckt, hat eine gute Druckqualität, der Brief wirkt aber schnell sehr farblos. Wenn Ihr Firmenschriftzug oder Logo farbig ist, haben Sie von Haus aus ein Problem bei Schwarz-Weiß-Druck. Der Tintenstrahler ist von der Druckqualität her meist nicht hochwertig genug, sodass man leicht den Eindruck hinterlässt, nicht besonders professionell zu sein. Außerdem ist das Drucken mit dem Tintenstrahldrucker sehr zeit- und kostenintensiv.

> **!** Wenn Sie selbst drucken möchten, achten Sie auf gutes, etwas festeres Papier. Achten Sie aber auch darauf, dass Sie auf jeden Fall zwei bis drei Seiten zum Standardbriefporto verschicken können.

Besser ist es, sich einen Briefbogen professionell drucken zu lassen und sich außerdem einen Laserdrucker zu leisten. Diese sind heute nicht mehr teuer – und der im Vergleich zum Tintenstrahler etwas höhere Anschaffungspreis lohnt sich doppelt: Erstens, weil Sie eine einwandfreie Druckqualität in wesentlich kürzerer Zeit erhalten. Und zweitens, weil das Verbrauchsmaterial unterm Strich günstiger kommt.

Wer einen qualitativ guten (Laser-)Drucker hat, kann auf seinen Briefbogen nur den Firmenschriftzug/das Logo vordrucken lassen – und alle weiteren Daten wie Absenderanschrift oder Bankverbindung selbst eindrucken. Das hat mehrere Vorteile:

- Sie sind flexibel, was Änderungen (Umzug, neue Telefonnummer, Webseite) betrifft.

- Sie können Ihren Briefbogen für unterschiedliche Dokumente nutzen, also beispielsweise Angebote oder Präsentationsunterlagen – ohne dass Ihre Anschrift oder Bankverbindung überall erscheinen.

Wenn Sie sicher sind, dass sich an Ihren Kontaktdaten nichts ändern wird, dann lassen Sie ruhig den kompletten Briefbogen drucken. Gut ist es allerdings, nicht das Empfängerfenster mit eindrucken zu lassen – und auch Ihre Absenderangaben im Fenster drucken Sie besser nachträglich manuell ein. Sonst können Sie Ihren Briefbogen nämlich ausschließlich für Briefe nutzen.

> **!** Es mag offensichtlich scheinen, doch da wir auch das bereits erlebt haben: Bitte jagen Sie nicht Ihre teuren Briefbögen durch das Faxgerät! Erstellen Sie sich im Computer ein Faxformular oder, wenn Sie ein Fax per Hand schreiben, kopieren Sie Ihren Briefbogen einfach vorher.

Es ist schön, zusätzliches Firmenpapier zu haben, zum Beispiel für Kurzmitteilungen oder bedruckte Kuverts. Wirklich nötig sind sie selten. Wenn Ihr kleines Unternehmen also auf das Geld schauen muss, verzichten Sie ruhig erst einmal auf diese Extras.

Visitenkarten

Haben Sie oder Ihre Mitarbeiter überhaupt Visitenkarten? Nein? Dann bitte gleich auf Ihre To Do-Liste setzen: Visitenkarten sind eines der wichtigsten Werkzeuge, um Kontakte zu knüpfen und in Verbindung zu bleiben. Wer keine Karten hat, kann neue Kontakte nicht effektiv weiterführen, wirkt leicht unprofessionell (achten Sie mal darauf, wie oft Sie nach Ihrer Karte gefragt werden) und verringert vor allen Dingen die Chance, dass sich potenzielle Kunden wieder bei ihm melden. Oft ergibt sich ein Geschäftskontakt oder eine Empfehlung erst einige Zeit nach dem ersten Gespräch.

Vermeiden Sie folgende Fehler:

- selbst gebastelte Visitenkarten
  Investieren Sie in ordentliche Visitenkarten aus der Druckerei. Es lohnt sich! Eine selbst gebastelte Karte wirkt sehr unprofessionell – zum einen wegen häufig nicht so toller Gestaltung, zum anderen wegen der schon angesprochenen mangelhaften Druckqualität des heimischen Druckers. Das führt dazu, dass sie provisorisch und unter Umständen sogar billig wirken. Auf keinen Fall dürfen Sie im Geschäftsleben mit diesen vorgestanzten Visitenkarten aus Druckerpapier auftreten: Für Privatpersonen sind sie okay, im Business kontraproduktiv.

- nicht aktuelle Daten
  Die Adresse stimmt nicht mehr, weil Sie umgezogen sind – oder die Rufnummer hat sich geändert, und jetzt ergänzen Sie per Hand oder Stempel? Ist es eine klitzekleine Änderung, dann können Sie sie natürlich manuell anbringen. Aber Vorsicht: Handelt es sich um einen offensichtlichen Flüchtigkeitsfehler, sollten Sie lieber gleich neu drucken lassen. Beispiel: *gitte.härter@selbstmarketing.de* – natürlich gibt es keine Umlaute in E-Mail-Adressen. Wenn ich das vor dem Druck übersehen habe, ist es wichtig, dass ich in den sauren Apfel beiße und neue, korrigierte Karten drucken lasse. Warum? Weil sonst gleich von Anfang an die Botschaft vermittelt wird, dass ich nicht sorgfältig bin. Visitenkarten kosten nicht die Welt und sind zu wichtig, um hier zu improvisieren.

- Es ist nicht klar, was Ihr Unternehmen tut
  Häufig steckt man Visitenkarten weg und kann sich später nicht mehr an die Person/das Unternehmen erinnern. Wenn jetzt aus der Karte nicht hervorgeht, in welcher Branche Sie tätig sind, wird sie bei nächster Gelegenheit in den Papierkorb wandern.

- Das Papier ist unangenehm oder „windig“
  Grafik und Druckqualität sind nicht alles – auch das Papier ist sehr wichtig. Ein Papier, das sich unangenehm anfühlt oder viel zu dünn ist und labberig wirkt, ist kontraproduktiv. Nehmen Sie sich die Zeit, persönlich zur Druckerei zu gehen oder sich Papiermuster schicken zu lassen. (Bitte beim Preisvergleich von Druckangeboten auch auf das Papier achten! Es nützt Ihnen nichts, wenn eine Druckerei viel günstiger, aber die Papierqualität dafür schlecht ist).

- zu großes Format
  Genormte Visitenkarten-Taschen setzen den Standard. Wenn Sie ein anderes Format möchten, achten Sie auf jeden Fall darauf, die übliche Größe nicht zu überschreiten. Es ist ärgerlich, wenn die Karte nicht in die vorgesehenen Hüllen passt! Das führt dazu, dass die Karte unter Umständen weggeworfen oder unschön zurechtgeschnitten wird.

! Die Karte nützt nur etwas, wenn sie auch im Gepäck ist. Machen Sie (und Ihre Mitarbeiter) es sich zur Gewohnheit, immer Visitenkarten in ausreichender Zahl dabei zu haben. Ich selbst habe immer welche in der Geldbörse und in meinem Filofax (bitte auf ordentlichen Schutz achten, sonst werden sie leicht schmutzig oder bekommen Eselsohren). Wenn ich zu einer Veranstaltung gehe, stecke ich mir immer zusätzlich einen Stapel ein.

Es geht nicht nur darum, dass die Visitenkarte Ihre Kontaktdaten vermittelt. Das kleine Stück Papier hat auch eine Art Eigenleben und wirkt für Ihr Business – positiv oder negativ. Sehen Sie sich Ihre Visitenkarte einmal an: Mit welchen Eigenschaftswörtern würden Sie die Wirkung Ihrer Karte beschreiben? Beachten Sie das Layout, die gewählte Schriftart, die Farben, das Papier. Wenn Sie selbst nicht objektiv sind, weil die Karten von Ihnen stammen, dann bitten Sie einen Bekannten um eine Einschätzung (fragen Sie nach der Wirkung, nicht danach, ob sie ihm gefallen). Jetzt überprüfen Sie, ob diese Wirkung dem entspricht, wofür Sie stehen möchten. Sie sind modern und lebendig – Ihre Visitenkarte aber traditionell und trist? Sie möchten kompetent und professionell wirken – Ihre Karte aber sieht aus wie eine schlecht gemachte Schülerzeitung? Stimmt Ihre Karte mit Ihrem sonstigen Unternehmensauftritt überein?

Hilfreiche Technik

Der Computer ist in jedem Business zum unverzichtbaren Werkzeug geworden: Viele Menschen nutzen die Möglichkeiten des PC leider viel zu wenig aus. Dabei geht es gar nicht darum, tiefes Fachwissen zu haben. Hier einige Beispiele, was Ihr Computer alles kann, um Sie zu unterstützen.

Hinweis: Die konkreten Beispiele beziehen sich auf Windows/MS Office®, weil wir selbst mit diesen Produkten arbeiten. Ähnliche Funktionen finden Sie aber in anderen Softwareprodukten ganz genauso.

Hilfreiche Funktionen bei der Textverarbeitung

- Textbausteine/AutoText
  Für wiederkehrenden Text lohnt es sich, mit Textbausteinen zu arbeiten: Sie können in Ihrem Textverarbeitungsprogramm einmalig den gewünschten Text eingeben, ihn wie gewünscht formatieren und dann abspeichern. Per Tastenkombination können Sie diesen gespeicherten Text dann jederzeit beliebig einfügen.

- Makros
  Ein Makro zeichnet eine Folge von Abläufen auf. So können Sie beispielsweise ein bestimmtes Dokument aufrufen und gleich drucken lassen, anstatt die einzelnen Schritte wie gewünschtes Verzeichnis suchen, Datei öffnen und Druck aktivieren auszuführen.

- Symbolleisten
  Sie können die Symbolleisten in Ihrer Textverarbeitungssoftware beliebig anpassen: Entfernen Sie die Icons, die Sie nicht oder nur sehr selten brauchen – und ersetzen Sie sie durch solche, die Sie oft nutzen. Sie können beispielsweise auch hinterlegte Textbausteine oder Makros in die Symbolleiste übernehmen. Achten Sie auf die eindeutige Bezeichnung der Symbole – und auch darauf, dass, wenn das Unternehmen mehrere Rechner hat, sich jeder Mitarbeiter auf jeder Benutzeroberfläche zurechtfindet.

Sinnvolle Dateiablage

Auch im Computer ist eine gute Ablage wichtig, denn nur mit guter Übersicht können Sie schnell auf die relevanten Dokumente zugreifen. Details dazu finden Sie ab Seite 97.

- Schnellzugriff auf oft genutzte Dokumente
  Neben der bereits angesprochenen Symbolleiste können Sie häufig gebrauchte Dateien auch per Icon auf Ihren Desktop legen. Wenn Sie mit vorbereiteten Formularen arbeiten, dann achten Sie darauf, dass Ihre Vorlage immer leer abgespeichert ist – dann sparen Sie es sich, bei jedem neuen Ausfüllen den vorhergehenden Text löschen zu müssen.

> **!** Für einen guten Umgang mit dem Computer können Sie intern eine Schulung organisieren. Entweder durch einen Ihrer Mitarbeiter, der sich gut auskennt. Oder aber durch einen externen Trainer, der Ihnen am Arbeitsplatz sinnvolle Tricks und Kniffe mit dem PC zeigt. Sie können natürlich auch einen Ihrer Mitarbeiter auf eine Schulung schicken – mit dem Ziel, dass dieser anschließend sein Wissen im Kollegenkreis geplant weitergibt.

Lohnenswert ist es auch, von den im Unternehmen genutzten Programmen jeweils ein gutes Handbuch im Haus zu haben. Leider sind die mitgelieferten Handbücher oft nicht so hilfreich, was die schnelle Lösung von Alltagsproblemen betrifft. Mit leicht verständlicher und umfassender Literatur ersparen Sie es sich und Ihren Mitarbeitern, lange herumzuprobieren. Auch die Lernprogramme, die die Software meist integriert hat, sind empfehlenswert: Man wird Schritt für Schritt durch einzelne Möglichkeiten geführt, wie etwa das Erstellen von Makros oder Serienbriefen.

Nehmen Sie sich die Zeit, Ihre Computerprogramme näher kennen zu lernen: Denn nur so werden Sie damit vertrauter und bekommen überhaupt erst eine Vorstellung davon, auf welch unterschiedliche Art und Weise Sie sich Ihren Arbeitsalltag erleichtern können. Die Zeit haben Sie nicht? Dann setzen Sie alleine die Zeit dagegen, die Sie brauchen, wenn Sie ein Mailing machen möchten und keine Ahnung haben, wie Sie am schnellsten einen Serienbrief einrichten und personalisieren. Oder die vielen unnötigen, einzelnen Handgriffe, die sich summieren. Es lohnt sich, sein Handwerkszeug zu kennen und zu beherrschen!

Ein Muss: eine gute Kundendatenbank

Wie erfassen Sie Ihre Kunden- (und Interessenten-)Daten? Tun Sie es überhaupt? Und wenn Sie Ihre Adressen in irgendeiner Weise sammeln: Was machen Sie damit? Es gibt verschiedene Typen:

- Solche, die gar keine Adressdatenbank haben
  Kein Geschäftskontakt (ob Interessent oder Kunde) ist erfasst.

- Die Schleifen-Lasser
  Sie haben einmal eine Datenbank angefangen, aber nicht mehr weitergeführt: weder ergänzt noch Änderungen eingegeben.

- Die gute-und-aktuelle-Datenbank-Haber
  Was diese Gruppe tut, sehen wir uns im Folgenden näher an.

- Die Adressen-Sammler
  Sammeln, wo es gerade geht, neue Adressen und geben diese fleißig ein: Die Datenbank ist gewaltig und wird stetig erweitert.

Was passiert mit den vorhandenen Daten? Das ist unterschiedlich: Da gibt es die Überaktiven, die ständig irgendwelche Mailings verschicken, bis hin zu denjenigen, die praktisch nichts mit ihrer Datenbank tun, außer sie – wenn überhaupt – zu pflegen. Lassen Sie uns mal etwas Struktur reinbringen:

Wofür möchten Sie überhaupt Adressen erfassen, also „haben"?
Viele Unternehmen fühlen sich gut, wenn sie eine große Datenbank haben. Viele Adressen sagen jedoch noch gar nichts darüber aus, was Ihnen diese bringen. Überlegen Sie sich vorher, was Sie mit Ihrer Datenbank überhaupt tun möchten. Überlegen Sie sich grundsätzlich auch, wie Ihre Zielgruppe genau aussieht. Nicht, dass Sie vor lauter Adressensammeln Ihren angepeilten Kundenkreis aus den Augen verlieren.

z.B.

> Wenn Sie bestehende Kunden erfassen möchten, um mit ihnen in Kontakt zu bleiben, beispielsweise um auf weitere Produkte oder Dienstleistungen hinzuweisen oder Weihnachtsgrüße zu schicken, dann beschränkt sich Ihre Datenbank ganz klar auf bestehende Kunden. Wenn Sie tatsächlich vorhaben, regelmäßig Mailings zu verschicken – und die Datenbank auch für die Akquise zu nutzen oder bei Interessenten nachzuhaken, lohnt es sich natürlich, die erfasste Gruppe zu erweitern.

Planung der Datenbank hinsichtlich von Form, Aufbau und Inhalten
Überlegen Sie sich nun zusätzlich, was Sie von Ihrer Datenbank möchten: Geht es Ihnen nur darum, Adressen zu erfassen, oder möchten Sie auch statistische Auswertungen machen, beispielsweise zur Frage „Woher kennt mich dieser Kunde?“. Die wichtigste Regel bei einer Datenbank: Halten Sie die Felder getrennt! Fassen Sie nichts zusammen.

Beispiele für einzelne Felder in Ihrer Datenbank

z.B.

- Anrede
- Vorname
- Name
- Position
- Abteilung
- Firma
- Straße
- Postleitzahl
- Ort
- Telefon
- Telefax
- E-Mail
- web

Warum ist es sinnvoll, den Vornamen und den Namen jeweils in ein eigenes Feld zu schreiben? Weil Sie Ihre Serienbriefe flexibler und persönlicher gestalten können: Während in der Empfängeranschrift „Frau Gitte Härter“ steht, können Sie bestimmen, dass in der Anrede lediglich „Hallo Frau Härter“ erscheint.

z.B.

Im Serienbrief sieht das so aus:

«Firma»
«Anrede» «Vorname» «Name»
«Straße»

«Plz» «Ort»

Betreff

Hallo «Anrede» «Name»,

Text ....

Für die Planung einer hilfreichen Datenbank ist es wichtig, sich zu überlegen, welche Zusatzinformationen man aus der Datenbank ziehen möchte. Natürlich kann man jede Datenbank auch nachträglich erweitern. Wie überall ist es jedoch auch bei Datenbanken sinnvoll, gleich richtig zu beginnen – so können Sie mit den zusätzlichen Informationen früher arbeiten und sie für Ihren Geschäftserfolg positiv nutzen.

Lassen Sie uns anhand des Beispiels „Woher kennt mich der Kunde" kurz verdeutlichen, was gemeint ist: Die grundsätzliche Frage „Wie werden meine Kunden auf mich aufmerksam?" ist sehr wichtig für jedes Unternehmen – denn so können Sie Ihre Marketingmaßnahmen nicht nur überprüfen, sondern auch zielgerichteter planen und durchführen. Das spart Ihnen viel Zeit, Energie und vor allen Dingen auch Geld. Voraussetzung dafür, dass Sie die Daten erfassen und auswerten können, ist selbstverständlich, dass Sie und Ihre Mitarbeiter auch danach fragen. In Ihrer Datenbank empfiehlt es sich, zwei Felder zu diesem Zweck anzulegen: eins für die allgemeine Angabe der „Quelle" und ein zweites für genauere

Informationen. In der linken Spalte sehen Sie die grobe Aufteilung – Sie können aus den Informationen dieser Spalte ersehen, welche Kunden über welchen Weg zu Ihnen gekommen sind. In der rechten Spalte erfassen Sie die Details – also beispielsweise: Um welche Messe handelte es sich? Über welche Internetseite kam der Kunde auf mich? Wer genau hat mich weiterempfohlen?

Quelle	Quelle Detail
■ Messen	Kontakte 2003 Cebit 2004 Weiterbildung 2004 (an Jahreszahlen denken, weil Sie eventuell mehrmals auf einer Messe ausstellen)
■ Adress-bucheintrag	Gelbe Seiten Die Münchener
■ Anzeige	Süddeutsche Zeitung Wochenblatt
■ Internet	eigene Homepage (andere Seiten, auf denen Sie erwähnt/mit denen Sie verlinkt sind)
■ Empfehlung	Name des Empfehlenden

Die Aufteilung hat verschiedene Vorteile:

1. Die Auswertung nach generellen Marketingaktionen ist sinnvoll und aussagekräftig: Lohnt es sich für Sie, auf Messen zu gehen? Bringt es etwas, Anzeigen zu schalten? Wenn Sie sehen, dass die meisten Ihrer Kunden durch Messen auf Sie aufmerksam werden, sich aber kaum jemand auf Ihre Anzeigen meldet, dann können Sie mit dieser Information konkret etwas anfangen. Achtung: Wenn Sie merken, dass eine bestimmte Werbemaßnahme keine Erfolge bringt, ist es natürlich wichtig, sich das näher anzuschauen. Die Gründe dafür können vielfältig sein: von der Wahl des Mediums bis hin zu Ihrer Eigenpräsentation. Also nicht nur aufgrund Ihrer Statistik einfach Aktionen streichen, ohne sie und

Ihre bisherigen Aktivitäten in dem Bereich gründlich zu hinterfragen.

2. Die Detail-Spalte gibt Ihnen wichtige Zusatzinformationen. Nicht jeder Kunde kann Ihnen jedoch genau sagen, wie er auf Sie gekommen ist. So sagen uns beispielsweise viele Kunden, sie finden uns „irgendwo im Internet". Wir können mit der allgemeinen Information sehr viel anfangen, auch wenn wir nicht überall Detailinfos haben.

Damit Sie die Daten hinterher auch auswerten können, sollten Sie immer dieselben Stichworte für die einzelnen Aktivitäten nutzen. Sonst können Sie hinterher keine aussagekräftige Abfrage nach Begriffen starten.

! Wenn jemand Sie weiterempfiehlt, fragen Sie immer nach, wer genau Sie denn empfohlen hat. Und bedanken Sie sich bei der betreffenden Person! Nehmen Sie es niemals als selbstverständlich hin, dass Sie jemand empfiehlt.

Serienbriefe

Serienbriefe sind eine feine Sache: Mit wenigen Mausklicks lassen sich Adressen und ein Brief zusammenführen und bequem ausdrucken. Grundvoraussetzung dafür ist, dass Ihre Adressdatenbank in einer Software angelegt ist, die Ihr Textverarbeitungsprogramm „versteht".

Häufige Fehler bei Serienbriefen

- Du/Sie nicht unterschieden

z.B. Ein Fitnessstudio pflegt einen sehr lockeren Umgangston: Jeder spricht sich mit Vornamen und Du an – auch die Angestellten duzen die Mitglieder und umgekehrt. Sämtliche Informationszettel innerhalb des Studios sind ebenfalls „per Du". Wird jedoch ein Mailing verschickt, spricht das Fitnessstudio plötzlich distanziert von „Frau xy" und spricht die Mitglieder mit „Sie" an. Es ist nicht nur unerklärlich, warum das Unternehmen hier plötzlich auf Distanz geht, sondern es führt auch dazu, dass man sich als Kunde nicht wirklich angenommen fühlt. Entsprechend achtet man auch nicht mehr so stark auf den Inhalt der Werbebriefe.

Gleiches passiert uns übrigens auch immer wieder mit eigenen Geschäftskontakten: Menschen, mit denen wir uns duzen, schicken uns Briefe in Sie-Form. Ja: Es macht mehr Arbeit, eine extra Du-Variante auszudrucken. Ich selbst jammere jedes Mal darüber, wenn wir selbst ein Mailing machen. Und trotzdem ist uns klar: Wir würden niemals einen Brief verschicken, in dem wir jemanden siezen, den wir normalerweise duzen. So etwas ist nicht nur befremdlich, sondern signalisiert, dass der Empfänger einem nicht die Mühe wert ist. Abgesehen davon wirkt ein Mailing dieser Art, selbst wenn es interessant ist, wie eine lieblose Verkaufstaktik, die oft einzig aus diesem Grund ungelesen in den Papierkorb wandert.

- Schrifttypen und Abstände uneinheitlich

Mangelnde Sorgfalt führt häufig dazu, dass persönliche Daten, beispielsweise die Anrede, eine andere Schrifttype bekommen oder dass die Abstände unterschiedlich groß sind. Das wirkt schlampig und lieblos.

- Inhalte zu stark verallgemeinert

Angenommen, Sie verfassen ein Mailing für zwei Gruppen: Die einen sind bereits Kunden, die anderen haben irgendwann einmal angefragt. In diesem Fall lohnt es sich, zwei verschiedene Mailing-Versionen zu drucken und auf die Einzelfälle einzugehen. Mit „Inhalte zu stark verallgemeinert" ist gemeint, dass entweder detaillierte Informationen nicht vorkommen, weil der Absender auf Biegen und Brechen nur eine Sorte Brief schreiben will. Oder aber – noch schlimmer – beide Alternativen bringt. Beispiel: „Sie sind bereits Kunde von uns oder haben sich dafür interessiert ..."

- Unterschrift maschinell erstellt

Auch wenn es praktischer ist, die Unterschrift gleich mitdrucken zu lassen – Ihr Brief ist viel persönlicher und wirksamer, wenn Sie ihn auch selbst unterschreiben. Da Sie ein Kleinbetrieb sind, sollte das kein Problem sein. Selbst wenn Sie vereinzelt ein größeres Mailing verschicken, lohnt sich die persönliche Unterschrift!

> **!** Tipp zum Personalisieren: Gibt es unter den Empfängern auch jemanden, den Sie besser kennen? Dann schreiben Sie doch noch einen persönlichen Satz oder Gruß mit dazu.

Unternehmenssprache und Layout

Viele Firmen legen verstärkt Wert auf Wortwahl und Ausdruck, wenn es sich um Werbe- und Marketingmaßnahmen handelt. „Normale" Korrespondenz wird in der Regel einfach so erledigt. Das ist nicht immer positiv. Denn schreiben ist nicht gleich schreiben. Worte haben ihre eigene Wirkung. Sinnvoll genutzt, erreichen sie ihre Ziele. Ungeschickt eingesetzt, erreichen sie nichts und verursachen schlimmstenfalls Ärger. Auf jeden Fall aber verpasst man dadurch Chancen.

Die ideale Korrespondenz:

- die Unternehmenssprache passt zum Firmenimage
- der Auftritt nach außen ist aus einem Guss
- die Korrespondenz ist zielgerichtet
- der Empfänger wird persönlich angesprochen
- Fragen werden beantwortet, Probleme gelöst
- Sie gehen aktiv auf den anderen zu

Die Unternehmenssprache passt zum Firmenimage

Das ist ein sehr sensibler Punkt. In beide Richtungen: Wenn Ihre Firma bereits ein bestimmtes Image hat, muss sichergestellt sein, dass der gesamte Auftritt nach außen – vor allen Dingen auch, was das Schriftliche angeht – dieses Image unterstützt. Sofern das Unternehmen ein Image hat, das es ablegen möchte, ist es nicht damit getan, mal eben die Unternehmenssprache zu ändern.

z.B.

Gut zu beobachten ist Letzteres bei einer Großbank, die eher ein biederes Geschäftsmann-Image hat und jetzt deutlich auf jung und hip macht. Da geht man weiterhin in biedere Geschäftsräume, die nach dem alten Image ausstaffiert sind – und plötzlich schrillen einem riesige, verloren aussehende Plakate mit jungen Sprüchen entgegen. Der Rest aber ist genauso, wie er immer war – inklusive die Mitarbeiter.

Ein weiteres Beispiel: Ein junges, modernes Unternehmen hat einen Briefstil wie eine Rechtsanwaltskanzlei. Das Logo ist flippig, Druckerzeugnisse und Internetauftritt ebenso, die Mannschaft ist jung und dynamisch, aber in dem Moment, wo man einen Brief in die Hand bekommt, wird es steif und nüchtern. Das passt nicht.

Der Auftritt nach außen ist aus einem Guss

Verschiedene Personen haben unterschiedliche Sprach- und auch Schreibstile. Das führt dazu, dass bereits in kleinen Unternehmen völlig unterschiedliche „Messages" verbreitet werden. Und zwar sowohl vom Inhalt als auch von der Form her. Das ist auch gut nachvollziehbar: Ein Unternehmen stellt Mitarbeiter ein, die aus unterschiedlichen Bereichen und Branchen kommen und auch unterschiedliche Fähigkeiten mitbringen. Nicht jeder tut sich leicht mit dem Formulieren von Briefen. Nicht jeder kann sich schriftlich gut ausdrücken. Und dazu kommt natürlich auch der eigene Schreibstil, der nicht unbedingt zum Unternehmen passt.

So verständlich das alles ist: Um einen einheitlichen Auftritt nach außen zu garantieren, der das Firmenimage unterstreicht und festigt, muss die gesamte Korrespondenz aus einem Guss sein. Testen Sie Ihr Unternehmen: Sehen Sie sich die Briefe und Faxe von verschiedenen Mitarbeitern einmal an.

Vergleichen Sie diese auf

- äußere Form/Optik des Schreibens
- Aufbau
- Inhalt
- Wortwahl
- Schreibstil

Achtung: Es geht hier nicht um Gleichmacherei, also darum, dass die Personen ihren individuellen Stil ablegen sollen. Sondern es geht um den wichtigen gemeinsamen Nenner: Ein gemeinsamer Nenner in Optik, Ausdrucksweise und Stil ist wichtig, um Ihr Image positiv zu stützen.

> **!** Achten Sie auch darauf, mit welcher Schrift Sie arbeiten. Es ist vorteilhaft, eine einheitliche Firmenschrift zu haben. Denn auch die Schrifttype hat eine bestimmte Wirkung. Wie an anderer Stelle bereits erwähnt: Sofern Sie Dokumente per E-Mail verschicken, bitte darauf achten, dass der Empfänger ausgefallenere Schriftarten möglicherweise nicht installiert hat. Für die elektronische Korrespondenz sollten Sie lieber auf eine Standardschrift zurückgreifen.

Die Korrespondenz ist zielgerichtet

Eine zielgerichtete Korrespondenz bedeutet im Wesentlichen kurze, prägnante und aussagekräftige Informationen zu bieten und diese eindeutig zu formulieren (hinsichtlich Satzbau und Wortwahl), um Missverständnisse zu vermeiden.

Bewährte Tipps aus der Praxis:

- Wenn Sie einen Brief fertiggestellt haben, lesen Sie ihn immer mit dem Ziel durch, ihn zu kürzen. So wird der Stil knapper und prägnanter und man bringt den Inhalt auf den Punkt.

- Verwenden Sie möglichst kurze Sätze.

- Lesen Sie Ihren Brief am Ende noch einmal mit den Augen von jemandem, der die Materie nicht kennt. Wenn Sie sich schwer damit tun, bitten Sie einen Unbeteiligten (also etwa einen Kollegen aus einer anderen Abteilung oder eine Aushilfe, die das Unternehmen noch nicht so gut kennt), den Brief durchzulesen.

Der Empfänger wird persönlich angesprochen

Gehen Sie, wie bereits betont, individuell auf den Empfänger ein: Sprechen Sie ihn persönlich an, gehen Sie auf den Fall/die Anfrage individuell ein. Vermeiden Sie auf alle Fälle, den Empfänger in einer Weise anzusprechen, die übertrieben, unpassend oder anbiedernd klingt. Das ist ein sicherer Weg, die Aufmerksamkeit des Empfängers bereits am Anfang zu verlieren. Insbesondere bei Werbebriefen passiert das häufig, wenn man sich so stark im Werbejargon verliert, dass man vergisst, dass es nicht um Marktschreierei geht, sondern darum, den Leser für etwas zu interessieren und zu überzeugen.

z.B.

Ein Verlagsmailing:

„Sehr geehrte Frau Härter,
selbst ausgewiesene Steuer-Profis wie Sie haben es zur Zeit nicht leicht ..."

Ich kann Ihnen nicht sagen, was der Verlag mir genau verkaufen wollte – denn ich habe nicht weitergelesen. Ich bin überhaupt kein Steuer-Profi, schon gar nicht ein „ausgewiesener".

Fragen werden beantwortet, Probleme gelöst

Gute Korrespondenz beantwortet immer alle Fragen – und hat die Lösung im Blick. Häufig werden Probleme erst geschaffen: durch Missverständnisse wegen unklarer Ausdrucksweise, durch das klassische Ping-Pong, indem jeder permanent auf seinen Standpunkten beharrt, oder durch ungeschickte Formulierung.

z.B.

Eine Werbeagentur hatte bei einer Bildagentur Diapositive bestellt und die gesamte Sendung verloren. Die Bildagentur schrieb einen Brief: „Unglücklicherweise enthielt die Sendung drei Originalbilder und zehn Duplikate."

Dabei war es ein Glück, dass es sich um so viele Duplikate handelte. Deren Schadenssumme liegt deutlich unter der von Originalen: „Glücklicherweise enthielt die Sendung zehn Duplikate und nur drei Originalbilder, und die Schadenssumme beläuft sich somit nur auf xy Euro." So erhält die Werbeagentur das Gefühl, noch einmal gut davongekommen zu sein und wird auch in Zukunft ihre Bilder bei dieser Bildagentur bestellen.

Aktiv auf den Empfänger zugehen

Eine gute Organisation Ihrer Korrespondenz lohnt sich auch, weil Sie bessere Resultate mit weniger Aufwand erzielen können. Im Fall des Aktivseins bauen Sie einen Zusatznutzen ein: Sie machen einen positiven Eindruck auf Ihre Geschäftspartner, übertreffen die Erwartungen und kurbeln dadurch „nebenbei" Ihr Geschäft an. Gemeint ist, dass Sie Ihrem Geschäftspartner nicht nur die Antwort auf seine Frage geben, sondern darüber hinaus Informationen oder weitere Vorschläge liefern.

z.B.

Beispiel 1:

Ein Interessent fragt wegen eines laufenden Online-Workshops an. Der Workshop hat bereits begonnen und ein späterer Einstieg ist nicht möglich.

„Normale" Antwort
„Leider hat der Online-Workshop bereits begonnen. Eine nachträgliche Anmeldung ist nicht mehr möglich."

Aktive Antwort 1
„Leider hat der Online-Workshop bereits begonnen. Für Herbst ist ein weiterer Workshop geplant: Darf ich Sie dafür vormerken?“

Aktive Antwort 2
„Leider hat der Online-Workshop bereits begonnen. Haben Sie schon an die Möglichkeit eines Einzel-Coachings gedacht?“

Die jeweilige Antwort wird natürlich noch etwas ausgeführt, um aussagekräftig zu sein.

z.B.

Beispiel 2:

Ein Kunde fragt nach einer bestimmten Dienstleistung. Sie können ihm selbst nicht weiterhelfen.

„Normale“ Antwort
„Danke für Ihre Anfrage zum Thema Balanced Scorecard. Wir selbst können Ihnen hier leider nicht weiterhelfen.“

Aktive Antwort 1
„Danke für Ihre Anfrage zum Thema Balanced Scorecard. Wir selbst können Ihnen hier leider nicht weiterhelfen. Gerne empfehlen wir Ihnen einen Geschäftspartner von uns: Herrn xy ...“

Aktive Antwort 2
„Danke für Ihre Anfrage zum Thema Balanced Scorecard. Wir selbst können Ihnen hier leider nicht weiterhelfen. Kennen Sie die Internetseite *www.mwonline.de* (Management Wissen online)? Dort finden Sie weitere Informationen zur Balanced Scorecard. Einer der Macher dieser Seite ist außerdem selbst Personaler und kann Ihnen sicher Anlaufstellen nennen.“

Wenn Sie auf diese Weise aktiv sind – bei einer Absage auch mögliche weitere Informationsquellen oder Anlaufstellen nennen

– hinterlassen Sie einen sehr guten und bleibenden Eindruck bei Ihren Geschäftskontakten. Und selbst wenn daraus nicht sofort ein Geschäft entsteht, können Sie sicher sein, dass der gute Eindruck seine Kreise zieht und sich positiv auswirkt. Selbstverständlich ist dieses Aktivsein am Telefon ganz genauso gefragt (mehr zum Telefon ab Seite 155).

Schreiben „lernen"

Gekonnt formulieren, Korrespondenz ansprechend und wirkungsvoll gestalten, was Inhalte, Wortwahl und Layout betrifft, kann man lernen. Auch der Zeitfaktor ist relevant: Achten Sie darauf, wie lange Sie (oder Ihre Mitarbeiter) mit dem Formulieren von Briefen befasst sind. Als frühere Abteilungsleiterin habe ich erlebt, dass gerade bei Ausnahmebriefen manche Mitarbeiter mangels Übung überfordert waren und zum Teil für einen einzigen Brief zwei bis drei Stunden brauchten.

Es gibt mittlerweile Schreibkurse. Empfehlenswert ist es auch, sich jemanden zu holen, der Ihre Korrespondenz im Unternehmen unter die Lupe nimmt und Ihnen individuell – in Form eines Inhouse-Trainings oder Coachings – Tipps und Werkzeuge an die Hand gibt, um Ihre Korrespondenz optimal zu organisieren und zu erledigen.

Sieben Tipps für wirkungsvolle Korrespondenz

1. Aus Sicht des Empfängers betrachten

Es gibt diesen Spruch „Der Wurm muss dem Fisch schmecken, nicht dem Angler" – und das gilt natürlich für Ihre Korrespondenz ganz genauso: Wenn Sie das Interesse Ihrer Geschäftspartner wecken möchten – und das sollte ja selbstverständlich sein, denn schließlich möchten Sie etwas verkaufen (zum ersten Mal oder mit bestehenden Kunden den Kontakt intensivieren oder weiterempfohlen werden) –, dann ist es wichtig, Ihre Korrespondenz so zu verfassen, dass der Empfänger etwas davon hat. Viele Briefe strotzen nur so von „wir sind so und so, wir tun dies und das, wir möchten jenes ...", dabei interessiert den Leser Ihrer Post schwerpunktmäßig „Was habe ich davon?".

Das geht bei der Wortwahl los: Schreiben Sie doch statt „wir schicken Ihnen" besser „Sie erhalten". Also aus Sicht des Empfängers. Sprechen Sie deutlich aus, was Sie meinen: „Wir sind seit zehn Jahren auf dem Markt" ist eine nette Information. Mich als potenziellen Kunden interessiert klar und deutlich, was mir die Information bringt: Warum erwähnen Sie also, dass es Sie schon seit zehn Jahren gibt? Möchten Sie mir damit sagen, dass das Unternehmen stabil ist und nicht gleich pleite geht, ich also mit Ihnen einen zuverlässigen, beständigen Lieferanten haben kann? Oder möchten Sie Ihre Professionalität betonen, weil Sie zehn Jahre Erfahrung auf dem Gebiet haben? Oder beides? Sprechen Sie aus, was Sie meinen.

2. Aussagekräftige Inhalte statt Dampfplauderei

„Dampfplauderei" sind reine Werbesätze, die dem Empfänger nicht wirklich etwas bringen. Beispiele: „Kaufen Sie unser Produkt – es lohnt sich", „Unsere Dienstleistung ist unverzichtbar". Schön. Doch wo bleibt die Begründung? Sagen Sie dem Empfänger konkret, was er davon hat, gerne in Kombination mit einer werblichen Umschreibung – aber nicht nur leere Worthülsen.

3. Nicht zu viele Informationen auf einmal

In einer Dokumentation über Werbung kam ein sehr einprägsames Bild vor: Werfen Sie jemandem zehn Tennisbälle auf einmal zu: Er wird, wenn er Glück hat, einen davon fangen – vermutlich jedoch keinen einzigen. Einfach, weil er überfordert ist. Genauso ist es mit Informationen. Deshalb ist es ein fataler Fehler, jemanden mit vielen Informationen zu bombardieren. Klar: Wenn einer Ihrer Geschäftskontakte mehrere Fragen gestellt hat, achten Sie in Ihrem Antwortschreiben auf eine gute Struktur, Aussagekraft und Leserfreundlichkeit. Sofern es sich um ein Mailing handelt, ist es besser, sich auf ein Hauptthema zu beschränken und allenfalls eine Zusatzinformation als PS anzufügen (zum Beispiel Messeeinladung und im PS der Hinweis auf Ihre Internetseite). Denken Sie an die Tennisbälle: Wer zu viel auf einmal versucht, riskiert, dass nichts davon ankommt, geschweige denn hängen bleibt.

4. Verben statt Hauptwörter

Benutzen Sie verstärkt Verben in Ihren Briefen: Zum einen liest sich jeder Text leichter und ist automatisch lebendiger. Zum anderen wirken Sie „normal" und nicht künstlich, bürokratisch oder steif.

z.B.

Sehen wir uns mal an, wie dieser letzte Absatz im Hauptwortstil aussieht: Ich rate Ihnen zur Benutzung von mehr Verben in Ihren Briefen. Das Lesen jedes Textes fällt leichter und ist lebendiger. Ihre Wirkung ist „normal" und nicht so bürokratisch.

An diesem kleinen Beispiel sehen Sie sehr deutlich, wie künstlich und steif der Absatz mit zu vielen Hauptwörtern wirkt. Schreiben Sie Ihre Briefe möglichst so, wie Sie auch sprechen. Leider meinen viele Menschen, sie müssten sich im Beruf gestelzt ausdrücken, wenn es ums Briefeschreiben geht.

5. Kurze Sätze

Verzichten Sie auf Schachtelsätze. Ein kurzer Satz ist eingängiger: Das, was Sie sagen wollen, kommt schneller und besser an. Wenn Sie einen Satz nicht vorlesen können, ohne Luft zu holen, ist er zu lang.

z.B.

Sehr lange Sätze, die viele Informationen vermitteln, sind, selbst wenn sie grammatikalisch korrekt verfasst sind, einfach sehr schwierig zu lesen und manchmal ist es richtiggehend unangenehm, wenn man sich dabei ertappt, dass man einen Absatz wieder und wieder lesen muss, um seine Bedeutung ganz zu erfassen, wie man an diesem Satz hier deutlich merkt.

6. Rechtschreibung

Nur fehlerfreie Briefe machen einen guten und professionellen Eindruck. Ob Sie die alte oder die neue Rechtschreibung benutzen: Wichtig ist, dass Sie diese dann auch konsequent und richtig anwenden. Kein Mischen beider Varianten nach dem Motto „Es weiß ja eh keiner mehr, wie man schreibt" – dem ist nicht so! Nach mehrjähriger Übergangszeit wird die reformierte Rechtschreibung – zumindest für Schulen und Behörden – im Sommer 2005 verbindlich. Von daher ist es wichtig, sich mit den entsprechenden Regeln vertraut zu machen und sich nicht auf Halbwissen zu verlassen.

7. Benutzerfreundliche und übersichtliche Gestaltung

Lassen Sie Ihren Aussagen Raum: Gliedern Sie Ihre Korrespondenz in sinnvolle und übersichtliche Absätze, quetschen Sie den Text nicht auf eine Seite, nutzen Sie lieber ein zweites Blatt. Strukturieren Sie die Inhalte sinnvoll – wenn Sie auf mehrere Themen eingehen, achten Sie auf einen aussagekräftigen Betreff, damit der Empfänger gleich weiß, worum es in dem Brief geht.

! Wer es ganz richtig machen möchte: Es gibt die „Schreib- und Gestaltungsregeln für die Textverarbeitung" nach DIN 5008. Sie erhalten diese als kleine Broschüre im Buchhandel – oder finden Auszüge davon auch im Internet (einfach in Suchmaschine DIN 5008 eingeben).

Ihre Reaktionszeiten

Auch bei den Reaktionszeiten zeigt sich wieder, wie wichtig eine gute Organisation ist. Wer zu lange braucht, um zu reagieren, schadet nicht nur seinem Image und verärgert unter Umständen seine (potenziellen) Geschäftspartner, sondern verursacht auch unnötig Arbeit: Durch Rückfragen oder gar Diskussionen wird Zeit und Energie verschwendet. Im Berufsleben ist es besonders wichtig, zeitnah zu agieren und zu reagieren. Das heißt allerdings auf keinen Fall, dass unnötige Hektik ausbrechen soll, die möglicherweise unschöne Konsequenzen hat (falsche oder unausgegorene Informationen, Unruhe oder Fehler).

Unser Leben hat sich beschleunigt: Die zahlreichen Kommunikationswege führen dazu, dass auch Geschäftspartner und Kunden schneller unruhig werden. Wo man früher immer noch mit ein bis zwei Tagen Verzögerung durch die Post rechnen musste, haben Fax und Internet noch einmal beschleunigt. Dazu kommt, dass der Zeitfaktor auch ein wesentliches Service-Merkmal geworden ist. Interessenten fordern beispielsweise von unterschiedlichen Firmen ein Angebot ein und entscheiden auch danach, wie die Reaktionszeiten aussehen.

Keine Sorge: Das bedeutet keineswegs, dass man immer und überall Erster sein muss. Es ist lediglich wichtig, dass Sie prompt reagieren und Verlässlichkeit vermitteln. Wenn sich eine Antwort einmal verzögert, geben Sie auf jeden Fall einen kurzen Zwischenbescheid – am besten telefonisch. Die richtigen Worte wirken sich positiv auf Ihren Unternehmenserfolg aus.

Internet und E-Mail

Das Internet ist eine großartige Erweiterung für das Geschäftsleben – birgt aber auch einige Tücken, die man kennen sollte. Und es fordert uns auch in puncto Organisation: In diesem Kapitel erfahren Sie Wichtiges zu:

- Zugang zum Internet
- Mail-Accounts
- E-Mail-Nutzung intern
- Reaktionszeiten im Netz
- Aktualität der eigenen Webseite

Zugang zum Internet

Wenn Sie geschäftlich mit dem Netz zu tun haben – das kann bedeuten, dass Sie das Internet zu Recherchezwecken nutzen oder per E-Mail korrespondieren – ist es wichtig, dass Sie einen einfachen und unkomplizierten Zugang zum Netz haben. Das gilt natürlich auch für alle Mitarbeiter, die in Ihrem Haus das Internet als Arbeitsmittel nutzen.

Klingt banal? Wir kennen Firmen, in denen es nur einen zentralen Computer gibt, obwohl mehr als ein Dutzend Mitarbeiter eine eigene E-Mail-Adresse haben. Das führt dazu, dass E-Mails meist mit starker Verzögerung gelesen (und damit auch beantwortet) werden. Außerdem verlieren die Mitarbeiter unnötig Zeit, indem sie ihren Arbeitsplatz verlassen, um an den Internet-PC zu gehen – der meist auch noch gerade besetzt ist. In anderen Unternehmen werden eingehende E-Mails ausgedruckt und in Papierform verteilt. Das ist natürlich ein Unding.

! Machen Sie sich mit dem Internet vertraut. Wer bisher noch nichts damit zu tun hat, es aber sinnvoll für seine Arbeit und Recherche nutzen möchte, tut gut daran, sich per Buch oder Training (und natürlich auch durch Probieren) zu informieren. Auch wenn im Internet so gut wie alles zu finden ist, kann man durch gezieltes Vorgehen sehr fix ans Ziel kommen – genauso gut aber auch mehrere Stunden verlieren, ohne an die gewünschte Information zu kommen.

Mail-Accounts

Geben Sie jedem Mitarbeiter, der per E-Mail erreichbar sein soll, einen eigenen E-Mail-Account. Das kann durchaus auch sinnvoll für freiberufliche Mitarbeiter sein, etwa wenn Sie für Ihre Buchhaltung eine externe Dienstleisterin haben, die auch nach außen für Ihre Kunden und Geschäftspartner auftritt – und beispielsweise Auskünfte gibt oder Mahnungen verschickt.

Zusätzlich dazu ist eine allgemeine E-Mail-Adresse sinnvoll. Eventuell möchten Sie bestimmte Verantwortungsgebiete bezeichnen, die an bestimmte Abteilungen gehen sollen.

z.B. Eingebürgert haben sich übrigens folgende Mail-Adressen:
vorname.name@firma.de; initialen@firma.de

Für allgemeine Adressen:
abteilung@firma.de; info@firma.de; mail@firma.de

Sie können natürlich beliebige E-Mail-Adressen verwenden. Der Vorteil, sich an die eingebürgerten Formen zu halten, ist, dass jemand, auch wenn er die E-Mail-Adresse nicht mit Sicherheit weiß, diese durchaus auch „erraten" und ans Ziel kommen kann. Ausnahmen von dieser Norm sind anzuraten, wenn die Namen sehr schwierig sind.

z.B. Wir selbst haben beispielsweise nur unsere Vornamen in der E-Mail-Adresse. Der Grund: Sowohl in Öttl als auch Härter kommt ein Umlaut vor. Und nicht jeder weiß, dass es Umlaute in Mail-Adressen nicht gibt. Um Missverständnissen vorzubeugen – und auch um die mündliche Weitergabe der Mail-Adressen zu erleichtern – haben wir uns für *christine@selbstmarketing.de* und *gitte@selbstmarketing.de* entschieden.

Beweisen Sie Weitblick: Wenn geplant ist, dass Ihre Firma expandiert, dann haben Sie momentan vielleicht noch keine zwei Mitarbeiter mit dem gleichen Vornamen. Das kann sich jedoch schnell ändern – auch Initialen sind in solchen Fällen keine dauerhafte Lösung.

! Gerade kleine Unternehmen haben häufig – obwohl sie eine eigene Homepage haben – die E-Mail-Adresse eines Providers, zum Beispiel t-online.de oder gmx.de. Es ist wichtig, daran zu denken, dass die E-Mail-Anschrift gleichzeitig Ihre Web-Adresse transportiert. Das wirkt nicht nur professioneller, sondern ist gleichzeitig kostenlose Werbung für Ihr Unternehmen.

Keine Sorge: Selbst wenn viele Geschäftskontakte eine andere E-Mail-Adresse kennen, können Sie trotzdem mit der „neuen", also Ihrer eigenen, arbeiten. Bei uns war es übrigens genauso: Bevor wir unsere eigenen Webseiten hatten, waren wir *objektiv@compuserve.com* – diese Adresse haben wir ein Jahr lang benutzt und auch per Briefpapier verbreitet. Nach der Umstellung auf *objektiv@selbstmarketing.de* haben wir zwar nur mehr die neue Adresse propagiert, die alte Anschrift aber nach wie vor behalten.

Kennt die alte Adresse nur ein kleiner Kreis, dann ist es damit getan, die neue E-Mail-Adresse mitzuteilen und nach einer kurzen Übergangszeit die alte zu schließen. Es gibt außerdem die Möglichkeit der Weiterleitung: Lassen Sie sich die E-Mails des alten Postfaches auf Ihr neues weiterschicken.

E-Mail-Nutzung intern

Auch für die interne Nutzung von E-Mail lohnt es sich, mit der gesamten Belegschaft einige Richtlinien zu vereinbaren. Hier die wichtigsten Punkte:

- Der Betreff
  Er sollte dem Empfänger (und dem Absender!) auf den ersten Blick mitteilen, worum es in der E-Mail genau geht. Damit lässt sich sofort feststellen, wie wichtig die Nachricht ist, und der Empfänger kann sie entsprechend ihrer Priorität behandeln. Und, ebenso wichtig: Jeder findet diese Nachricht später wieder, wenn er sie sucht.

- Der Inhalt
  Inhaltlich sollten Sie in der E-Mail auf den Punkt kommen! E-Mail ist ein schönes Kommunikationsmittel, das nur dann effektiv genutzt werden kann, wenn die Sachverhalte klar sind – zwar aussagekräftig, aber kurz und knackig formuliert. Achten Sie bitte auch auf die Formatierung: Absätze erhöhen die Lesbarkeit und Inhalte sind schneller zu erfassen.

- Die Prioritäten
  Nutzen Sie die Möglichkeiten, unterschiedliche Prioritäten zu setzen: Wichtige Nachrichten können mit einem entsprechenden Symbol (zum Beispiel rotes Ausrufezeichen) gekennzeichnet werden – oder auch mit „niedriger Priorität". Diese Zusatz-Symbole sollten sparsam und überlegt eingesetzt werden, sonst verlieren sie ihren eigentlichen Sinn oder werden nicht mehr ernst genommen.

- cc-Empfänger
  Eine gute Sache, gleich die relevanten Leute mit einzubeziehen. Aber auch hier ist vielen die Regel nicht klar: Der Empfänger ist der, der im Zweifelsfall (je nach Inhalt der Nachricht) etwas zu tun hat. Der Kopie-Empfänger wird nur informiert. Die Funktion „blind copy" bedeutet, dass jemand eine Kopie der E-Mail erhält, aber nicht im Adressfeld sichtbar ist.

- Die Anlagen
  Anlagen sollten so formatiert sein, dass sie einwandfrei ausgedruckt werden können. Achten Sie immer auch auf die Dateigröße der Anlage. Zu große Dateien erfordern lange Downloadzeiten und können den Empfänger verärgern. Prüfen Sie jede Datei – ankommende und solche, die Ihr Haus verlassen – mit einem aktuellen Virenscanner.

- Kettenbriefe/Serienmails
  Bitte brechen Sie diese unsäglichen Ketten. Leute, die viel mit E-Mail arbeiten, brauchen als Allerletztes noch Dutzende von Kettenbriefen, die weit weniger witzig sind, als der Absender vermutet. Außerdem haben viele dieser „Hoaxes" (Falschmeldungen) das Ziel, E-Mail-Adressen zu sammeln, was sich anschließend in verstärkter Werbeflut niederschlägt.

Reaktionszeiten im Netz

Im Internet läuft die Zeit anders. Wer sein Business im Netz hat, muss schneller sein als mit der normalen Post. Die Realität ist oft ein Trauerspiel – auch in vielen kleinen Unternehmen dauert das

Beantworten von E-Mails Ewigkeiten (wenn überhaupt eine Antwort kommt).

Warum die Hektik? Ganz einfach: Wenn ich heute eine Anfrage per E-Mail verschicke, weiß ich, dass diese im Normalfall kurze Zeit später beim Empfänger auf dem Bildschirm ist. Beim Postweg muss ich von einem Tag ausgehen. Manchmal dauert es zwei Tage, in Ausnahmefällen sogar länger. Bei einer E-Mail wird man, besonders wenn es sich um eine kleine Anfrage handelt, unter Umständen bereits nach wenigen Stunden unruhig. Erhält man am Folgetag keine Nachricht, fragt man sich, ob überhaupt etwas kommen wird. Das ist keinesfalls böse gemeint. Das schnelle Medium bringt es einfach mit sich, dass man eine prompte Antwort erwartet. Klar sein muss: Wer geschäftlich per E-Mail erreichbar ist, muss mindestens einmal täglich seine Mailbox abrufen – wenn dies nicht geht, ist es wichtig, für Vertretung zu sorgen.

> **!** So gut wie jedes E-Mail-Programm bietet automatische Abwesenheitsnachrichten. Diese sind nicht nur hilfreich, wenn man lange Zeit in Urlaub ist. Sofern eines Ihrer Leistungsmerkmale die Geschwindigkeit ist, kann sich die automatische Information schon für Sie lohnen, wenn Sie einen Tag außer Haus sind.

Gewöhnen Sie sich an, E-Mail-Anfragen möglichst zeitnah zu beantworten. Wenn es sich um eine kurze Anfrage handelt und Sie die Antwort „aus dem Ärmel schütteln" können, tun Sie es am besten gleich oder bei nächster Gelegenheit. Versuchen Sie, spätestens am Abend, bevor Sie die Firma verlassen, Ihre E-Mails alle beantwortet zu haben. Wer stapelt, verliert den Überblick. Und gerade wenn Sie viele E-Mails erhalten, ist Ihr Posteingang schnell voll und unübersichtlich. Natürlich heißt das nicht, dass Sie „hudeln" sollen: Wenn eine Antwort länger dauert, ist ein Zwischenbescheid angesagt: Bedanken Sie sich für die Nachricht, stellen Sie in Aussicht, wann die Antwort kommt. Dann muss sie natürlich auch kommen. Vielleicht ist es möglich, einen Teil der Anfrage bereits zu beantworten – und den anderen Teil nachzureichen.

Wenn Sie mit allgemeinen E-Mail-Adressen arbeiten, die an die gesamte Firma oder einzelne Abteilungen gehen, ist es wichtig, innerhalb der Firma zu klären, wer für die Beantwortung von E-Mails verantwortlich ist und in welcher Zeit das geschehen sollte. Sofern beim Absenden einer Anfrage auf Ihrer Webseite eine Dankeschön-Nachricht erscheint und darin ein Zeitrahmen für die Antwort genannt wird („Wir melden uns umgehend bei Ihnen." – „Wir melden uns innerhalb der nächsten drei Werktage."), müssen Sie dieses Versprechen auch halten.

Wenn Mitarbeiter abwesend sind, denken Sie daran zu organisieren, was mit deren Mailbox passiert: Ein Kollege kann sich um die E-Mails kümmern – oder aber Sie richten die automatische Antwortfunktion ein, damit der Absender weiß, dass die Antwort dauern wird.

Aktualität der eigenen Webseite

Ohne auf die Details einzugehen, die bei einer eigenen Homepage wichtig sind: Auch die Aktualisierungen und Ergänzungen für Ihre Internetseite wollen geplant sein. Häufig sind interne Entscheidungswege so langwierig (und das ganz unabhängig von der Firmengröße), dass es deutlich verzögert oder viel zu spät zur Aktion kommt.

Wichtig: Der Internetauftritt ist ein Aushängeschild. Veraltete Informationen fallen negativ auf das Unternehmen zurück. Informationen, wie zum Beispiel neue Angebote, die nicht im Netz stehen, können sich nicht verkaufen. Legen Sie die Zuständigkeiten fest – und auch den Grad der Entscheidungsfreiheit, den die Person hat.

! Überlegen Sie sich bei der Gestaltung oder beim Prüfen Ihrer Website, ob Sie das Angebot auch aktuell halten können. Wer sich zu viel zumutet, was Rubriken betrifft, die häufig aktualisiert werden müssen oder die Recherche erfordern, kommt schnell ins Schleudern und damit ins Hintertreffen. Im Zweifelsfall auf etwas verzichten: lieber weniger und das dafür zu hundert Prozent.

Stichwort aktuelle Informationen: Wenn Sie auf Ihrer Seite ein „letzte Änderung am/Update"-Datum anzeigen lassen, berücksichtigen Sie, dass Ihre Inhalte schnell veraltet aussehen, wenn es nur selten Updates gibt. Ein Update-Datum ist nur dann relevant, wenn Sie auch aktuell bleiben. Es gibt Seiten, bei denen die letzte Änderung zwei Jahre zurückliegt. Handelt es sich beispielsweise um eine reine Imageseite mit zeitlosen Informationen, ist es besser, gar kein solches Datum anzugeben.

Aktualität ist auch wichtig, was Zusatz-Features wie Nachrichtenbretter oder Gästebücher betrifft. Wer ein Forum oder Gästebuch eingerichtet hat, die vor sich hindümpeln, muss handeln: entweder beides aktiv pushen, damit Leben reinkommt, oder lieber von der Webseite nehmen. Es wirft kein gutes Licht auf eine Webseite, wenn in einem Nachrichtenbrett fünf Messages vom Frühjahr vor drei Jahren einsam ihr Dasein fristen. Dasselbe gilt für das Gästebuch.

! Gerade kleine Unternehmen machen ihren Internetauftritt häufig selbst oder beauftragen einen Bekannten damit. Überlegen Sie sich, ob das tatsächlich sinnvoll ist. Sowohl vom Resultat als auch vom finanziellen und zeitlichen Aufwand her.

Das Telefon effizient nutzen

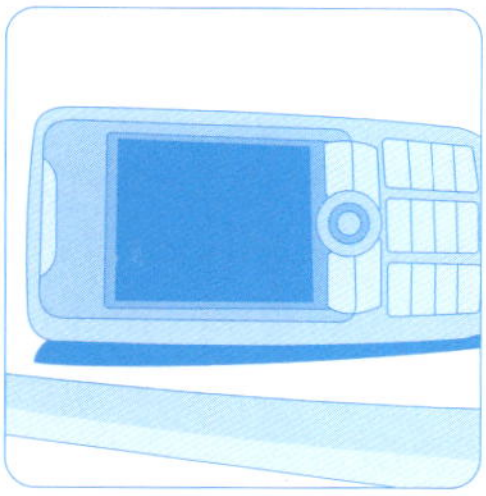

Das Telefon ist eines unserer wichtigsten Kommunikationsmittel im Business geworden. Häufig wird es unterschätzt – und seine Möglichkeiten nicht genutzt. Besonders natürlich auch, was die Organisation angeht. Es lohnt sich, alles, was Sie bisher „einfach so“ gemacht haben, ohne genauer darüber nachzudenken, einmal einer detaillierten Prüfung zu unterziehen. Gerade bei diesem so wichtigen und – sowohl intern als auch extern – so häufig eingesetzten Kommunikationswerkzeug.

In diesem Kapitel geht es um all die Bereiche, die zu einer effektiven Arbeit mit dem Telefon dazugehören:

- Telefondienst und Zeiten planen
- Erreichbarkeit
- Technische Unterstützung
- Wirkungsvoll telefonieren

Telefondienst und Zeiten planen

Im Wesentlichen ist es auch für die Arbeit am Telefon wichtig, sich zu überlegen, wer wann was macht. Das geht natürlich nicht zu hundert Prozent: Anrufe bei Ihnen sind ja nicht planbar – wohl aber die „Rahmenbedingungen“.

Telefonzeiten

Der Faktor Zeit spielt eine große Rolle, wenn es darum geht, wann Sie sinnvollerweise telefonieren. Dabei ist zum einen relevant, ob es in Ihrer Branche und bei Ihrer Zielgruppe besonders passende Zeiten für einen Anruf gibt. Es ist aber vor allen Dingen ausschlaggebend dafür, wie gut Sie sich selbst organisieren. So stiehlt man sich oft selbst Zeit und Konzentration, weil man sinnvolle Tätigkeiten nicht bündelt, sondern alles durcheinander macht.

Telefonzeiten fürs Raustelefonieren

Wenn Sie viel nach außen telefonieren, finden Sie sinnvolle Zeiten heraus: Das kann sich nach Art des Unternehmens oder der Branche natürlich unterscheiden – fast bei jedem Unternehmen ist es so, dass Sie zwischen 12 und 14 Uhr kaum jemanden erreichen, weil Mittagspause ist. Oft geht zwar jemand ans Telefon, der eine Nachricht aufnehmen kann. Aber auch das bringt nur begrenzt einen Vorteil, weil es dann um Rückrufe geht und unter Umständen zu einem „Anruf-Ping-Pong“ kommt.

z.B.

In einer Medienagentur setzen sich die Kunden aus Werbeagenturen, Buch- und Zeitschriftenverlagen und Firmendirektkunden mit eigener Werbeabteilung zusammen. Dadurch ergeben sich für die einzelnen Kundenbetreuer völlig unterschiedliche Rhythmen: Während beispielsweise die Werbeagenturen in der Regel morgens erst ab neun oder halb zehn gut telefonisch zu erreichen sind, sind die Firmendirektkunden häufig schon ab acht Uhr im Büro. Während am Freitagnachmittag bei der letztgenannten Kundengruppe nicht mehr viel zu erreichen ist, weil dort in der Regel ab Mittag oder frühem Nachmittag Feierabend ist, ist es vollkommen normal, bei Werbeagenturen auch am Freitag bis 18 Uhr anzurufen.

Natürlich ist es wichtig, diese Art der Planung auch gut in den eigenen Arbeitsablauf zu integrieren. Angenommen, Ihr Arbeitstag beginnt um neun Uhr – neben einigen Anrufen, die Sie führen möchten, ist es auch wichtig, dass Sie Ihre Tagespost und Ihre E-Mails erledigen, gängige Fachzeitschriften lesen.

Wenn Sie wissen, dass Sie morgens um neun Uhr zwar Ihre Kunden gut erreichen, aber um diese Uhrzeit einfach noch nicht in der Lage sind, mit anderen zu kommunizieren – es sei denn, es lässt sich nicht vermeiden –, dann starten Sie den Tag mit dem Sichten der anderen Aufgaben und beginnen erst eine Stunde später mit dem Telefonieren.

Achten Sie bei allem, was Sie selbst einteilen können, immer auch auf Ihren individuellen Rhythmus. Klar ist: Wenn Sie für Ihre Arbeit Informationen brauchen, holen Sie diese möglichst früh am Tag ein. Denn es gilt immer auch zu berücksichtigen, dass Ihr Gesprächspartner die gewünschte Information nicht parat hat und sich erst einmal selbst schlau machen muss, was die Angelegenheit verzögern kann. Wenn Sie jemanden nicht erreichen, hinterlassen Sie eine klare Nachricht, sprich Ihre konkrete und detaillierte Anfrage. Dann kann der andere Sie direkt – ohne klärende Rückfrage – mit der Information zurückrufen oder die Antwort wiederum hinterlassen, wenn er Sie nicht persönlich erreicht.

! Bevor Sie einem Kollegen lange Sachverhalte erklären, fragen Sie doch einfach nach E-Mail-Adresse oder Faxnummer und lassen Sie ausrichten, dass Sie sich über eines dieser Medien melden und um Antwort bitten.

Intern festgelegte Telefonzeiten

Meist sind die Telefonzeiten identisch mit den Geschäfts- oder Öffnungszeiten. Aber nicht immer. So gibt es Firmen, die zwar allgemein erreichbar sind, aber nicht jeder Mitarbeiter. Manchmal nimmt eine Person alle eingehenden Gespräche entgegen, zum Beispiel die Sekretärin, die dann spezielle Termine innerhalb intern festgelegter Telefonzeiten vereinbart.

Das hat zwar grundsätzlich seinen Vorteil – meist jedoch auch große Nachteile: Zum einen ist es sehr einseitig gesehen und nur auf den eigenen Vorteil bedacht, einfach Telefonzeiten festzulegen – und ein Geschäftspartner oder Kunde muss sich dann danach richten. Ärgerlich! Zum anderen kann es sein, dass Gespräche unnötig vertagt oder in die Länge gezogen werden: Statt großartig zu debattieren, warum eine Sache nicht direkt geklärt werden kann, ließe sich die eigentliche Frage oft schneller beantworten.

Erreichbarkeit ist außerdem ein wichtiges Argument für oder gegen ein Unternehmen: Wenn ich bei einer Firma immer unkompliziert und schnell kompetente Antworten bekomme, beim anderen stets mehrere Versuche nötig sind, um den Ansprechpartner zu erreichen, ist das ein wichtiger Grund, eventuell nur deshalb den Lieferanten zu wechseln. Und: Selbst wenn nicht gleich jeder die Geschäftsbeziehung abbricht, kann es doch dazu führen, dass Ihr Unternehmen nicht oder nur sehr eingeschränkt weiterempfohlen wird: „Eigentlich sind sie ja ganz gut, aber es ist echt ein Drama, jemanden ans Telefon zu bekommen." Auch das hat Folgen.

Natürlich spielen auch Ihre Öffnungszeiten eine Rolle. Auch wenn beispielsweise eine Mittagspause absolut in Ordnung ist, sollten Sie sich überlegen, ob Sie es nicht organisieren können, dass Ihr Telefon durchgehend besetzt ist. Gerade Interessenten rufen häufig mehrere Anbieter an – und wenn irgendwo das Telefon lange läutet oder der Anrufbeantworter rangeht, gehen Anfragen dann doch verloren. Das heißt nicht, dass Sie immer und überall erreichbar sein müssen (siehe auch ab Seite 162).

Wer macht was?

Damit ist sowohl die fachliche Organisation gemeint als auch die Frage, welcher Mitarbeiter für welchen Bereich der beste Ansprechpartner ist.

z.B.

Sie stellen eine Bürokraft ein. Plötzlich fällt Ihnen ein, dass diese auch Akquise-Anrufe machen soll. Nun kann es sein, dass das eine ziemlich schlechte Idee ist, denn Akquise-Anrufe liegen nicht jedem. Außerdem kann nicht jeder gut genug auf andere

Menschen zugehen, Gespräche dieser Art gut strukturieren und wirkungsvoll führen. Drittens muss jemand für einen Akquise-Anruf auch fundiertes Wissen über die Firma und die Branche haben, um tatsächlich überzeugend zu sein. – Natürlich immer in einem bestimmten Rahmen, der sich aus den Zielen der Akquise-Anrufe ergibt.

Zur fachlichen Organisation: Angenommen, Sie sind ein Einzelkämpfer – Sie machen Kommunikationstrainings. Die Firma sind Sie. Für Verwaltungstätigkeiten haben Sie einen Mitarbeiter. Wenn der Mitarbeiter Sie und Ihre Arbeitsweise nicht wirklich 1 A kennt, und gerade auch im Kommunikationsbereich nicht fit genug ist, wird er einen falschen Eindruck hinterlassen oder auf Fragen zu Arbeitsweisen und Inhalten unter Umständen nichts sagen können. Damit werden bei jedem Telefonkontakt Chancen vergeben. Die Konsequenz ist, dass Sie dann doch wieder selbst zurückrufen müssen, wenn es um eine Anfrage geht. Oder dass unter Umständen ein Interessent abspringt.

All das sind Schwierigkeiten, die man lösen kann, wenn man Zeit und Energie investiert. Fangen Sie also mit der Analyse der jetzigen Situation und Art der Anfragen an. Und ermitteln Sie davon ausgehend das Ideal – und zwar nicht nur, wie Sie sich selbst im eigenen Interesse optimal organisieren könnten, sondern auch aus der Sicht Ihrer Kunden.

Macht eine Telefonistin Sinn?

Nicht jede Firma braucht gleich eine Telefonistin. Gerade wenn ein Unternehmen klein ist, ist es sinnvoll, das Telefon jemandem als Zusatzaufgabe zu geben und die Vertretung zu regeln. Ich kenne die Großraumregelung „Jeder geht ans Telefon" aus eigener Erfahrung als Angestellte und aus meiner Tätigkeit als Coach und Trainer. Und ich kann nicht zu dieser Regelung raten: Wenn Sie keine Callcenter-Lösung haben, das heißt die Anrufe automatisch und gezielt an einen freien Platz weitergeleitet werden, führt das „jeder geht ran" leicht dazu, dass keiner sich so richtig zuständig fühlt. Das allgemeine Telefongeklingel reißt jeden aus der Arbeit und führt oft zu internem Beäugen „Wer geht denn nun ran?“. Während dieses Abwartens, ob nicht doch jemand anderer den Hörer abhebt, sind alle aus ihrer Arbeit gerissen oder zumindest durch das ständige Geklingel im Hintergrund gestört. Das ist kontraproduktiv!

Information allgemein zugänglich machen
An anderer Stelle wurde es bereits erwähnt: Machen Sie doch einmal (gemeinsam mit Ihren Mitarbeitern) eine Liste, welche Fragen häufig gestellt werden. Sie werden feststellen, dass es viele allgemeine Fragen sind, die im Prinzip jeder beantworten kann. Die wenigsten Fragen sind so fachspezifisch, dass sie nur eine bestimmte Person im Unternehmen beantworten kann (auch wenn man diesen Eindruck subjektiv häufig hat). Gehen Sie diese Fragen/Antworten mit Ihren Mitarbeitern durch – quasi als interne Schulung. Sie ermöglichen dadurch jedem, sich am Telefon sicherer zu fühlen und Anfragen öfter direkt am Telefon zu beantworten. Mit dieser Lösung ist allen gedient: dem Anrufer, der schnell eine kompetente Antwort bekommt, und Ihrem Unternehmen, weil es zu weniger internen Rückfragen und Rückrufen kommt.

Telefonnotizen

Jeder, der Nachrichten für jemand anderen aufnimmt, sollte immer aussagekräftige Telefonnotizen für „die Akten“ schreiben! Das ist nicht nur für die Weitergabe von Informationen und eine effektive Reaktion wichtig, sondern auch dafür, dass Geschäftsvorgänge einwandfrei dokumentiert und damit nachvollziehbar sind. Eine gute Telefonnotiz enthält die Angaben, die wichtig für Ihre interne Arbeitsweise sind (im Versicherungsbereich ist zum Beispiel das Geburtsdatum häufig wichtig) plus die Kontaktdaten:

- Firma

- Anrede, Vorname, Name
  Der Vorname ist nicht nur wichtig, weil es sein kann, dass namensgleiche Personen im jeweiligen Unternehmen arbeiten, sondern auch, weil Sie idealerweise eine Kundendatenbank haben, die Sie vervollständigen sollten, und weil es persönlicher ist, wenn Sie Ihre Korrespondenz an Frau Maria Huber statt an Frau Huber adressieren. Das Feld „Anrede“ also „Herr“ oder „Frau“ zum Ankreuzen oder Umkringeln ist ebenfalls wichtig. Wenn der Vorname fehlt oder es sich um einen Vornamen handelt, der nicht eindeutig als weiblich oder männlich identifizierbar ist, kann man den anderen nicht richtig ansprechen oder es ergeben sich unschöne Anfragen wie „Frau oder Herr xy hat angerufen“ oder „Sehr geehrte Frau oder Herr xy“.

- Telefon

- Fax oder E-Mail (wenn Sie damit arbeiten)

- Aussagekräftige Beschreibung, worum es ging
  Stichworte in allen Ehren: Aussagekräftig sind sie kaum. Wenn jemand auf einer Telefonnotiz schreibt „Rechnung“, dann sagt mir das nichts. Es fehlen die Angaben, um welche Rechnung es geht und welche Information der Anrufer benötigt. Dann kommt möglicherweise heraus: „Rechnung vom 10. Mai mit der Nummer 123 wurde doppelt ausgestellt“. Damit lässt sich ganz anders arbeiten, weil man die nötigen Informationen heraussuchen kann, bevor man den Kunden zurückruft. Ein Unding sind unspezifische Telefonnotizen wie „Rückruf“. Zusätzlich zu den Inhalten hat es sich bewährt, Felder zum Ankreuzen zu machen, die Angaben darüber geben, was geschehen soll: Ist eine Antwort oder ein Rückruf nötig oder handelt es sich nur um die Anfrage allgemeiner Informationen?

- Datum und Uhrzeit
  Diese Angaben sind wichtig, weil Sie ganz andere Prioritäten setzen können: Wenn jemand vor fünf Minuten angerufen und

dringend um Rückruf gebeten hat, ist das etwas anderes, als wenn der Anruf bereits vor fünf Stunden erfolgt ist. Außerdem kann so im Nachhinein rekonstruiert werden, wann was besprochen wurde. Dies kann schon bei simplen Rückfragen hilfreich sein – ganz besonders wichtig sind solche Angaben für den schlimmsten Fall: wenn es zum Streit kommt, der unter Umständen beim Anwalt landet.

- Name / Kürzel der Person, die die Nachricht aufgenommen hat
  Bitte lassen Sie die Mentalität „Man kennt doch meine Schrift" nicht einreißen – vereinbaren Sie innerhalb des Unternehmens eindeutige Kürzel, zum Beispiel die Initialen, oder schreiben Sie Ihren vollen Namen dazu. Nur so können Rückfragen auch schnell und unkompliziert über die Bühne gehen.

Es lohnt sich, die Telefonnotizen in einheitlicher Form zu machen, also entweder auf vorgedruckten Blöcken, die Sie im Bürofachhandel erhalten. Oder auch auf selbst gefertigten Formularen, die Sie im Kopierladen vervielfältigen können. Der Vorteil ist, dass keine Angaben vergessen werden und Nachrichten nicht auf klitzekleine Zettel geschrieben werden, die möglicherweise verloren gehen. Außerdem wird dadurch die Arbeit beschleunigt: Da es ein Standardformular gibt, weiß jeder sofort, an welcher Stelle welche Information zu finden ist, und muss sich nicht auf jeder Notiz neu orientieren. Wer mehrere Mitarbeiter beschäftigt, kann am oberen Rand der Telefonnotiz eine Zeile reservieren, um den Empfänger der Notiz einzutragen. Gerade für die Telefonzentrale ist das gut, weil es das Verteilen einfacher macht.

Erreichbarkeit

Müssen Sie immer und überall erreichbar sein? Nein. Es stimmt, dass es einfach und angenehm sein muss, mit Ihnen Geschäfte zu machen. Und dazu gehört selbstverständlich, dass es jedem Geschäftskontakt möglich sein muss, Ihrer habhaft zu werden – oder einen kompetenten Mitarbeiter an die Strippe zu bekommen. In Zeiten, wo dies persönlich nicht möglich ist, ist es wichtig, sich gut zu organisieren: Kein Mensch ist Ihnen böse, wenn Sie mal nicht direkt zu erreichen sind, vorausgesetzt dass Ihre Vertretung gute Arbeit leistet, sprich entweder selbst Auskunft geben kann oder den Kontakt zu Ihnen zuverlässig und in angemessener Zeit herstellt.

Zum Thema Erreichbarkeit sollten Sie sich Folgendes durch den Kopf gehen lassen:

- Persönliche Erreichbarkeit
- Telefondienst/Vertretung
- Anrufbeantworter-Ansagen
- Handy

Persönliche Erreichbarkeit

Wie ist der momentane Stand der Dinge? Sind Sie gut persönlich erreichbar? Zur Erreichbarkeit zählt allerdings nicht nur, dass man Sie irgendwie ans Telefon bekommt. Dazu gehört auch, dass Sie sich auf das Gespräch konzentrieren, sich nicht nebenbei mit anderen Dingen beschäftigen oder gar in einem Meeting oder im Auto unterwegs sind. Denken Sie auch daran, dass es unhöflich anderen gegenüber ist, wenn Sie während einer Besprechung plötzlich zum Telefon greifen. Das sollte nur im Notfall passieren. Und Sie sollten, wenn Sie einen wichtigen Anruf erwarten, dies Ihrem Gesprächspartner im Vorfeld ankündigen und sich entschuldigen, wenn Sie das Meeting tatsächlich unterbrechen müssen.

Wenn Sie nicht erreichbar sind: Welche Gründe gibt es dafür? Notieren Sie diese Gründe. Das ist wichtig, weil Sie nur damit Ihren Plan für eine bessere Organisation aufstellen oder überarbeiten können. Schreiben Sie außerdem auf, wie Sie auf Anrufe reagieren, die Sie nicht persönlich entgegengenommen haben. Rufen Sie zwischen Tür und Angel zurück? Lassen Sie ausrichten, dass Sie gerade nicht können? Dauert es eben einfach, bis Sie sich irgendwann melden? Wenn ja: Wie lange? Notieren Sie alles, was in diesem Zusammenhang wichtig ist.

Jetzt können Sie an Lösungsansätze denken: Was können Sie in den unterschiedlichen Situationen besser machen? Vielleicht sind Sie aus Gründen nicht erreichbar, die Sie vollständig beseitigen können? Vielleicht optimieren Sie Ihre Reaktionszeiten? Für zusätzliche Tipps und Ideen lesen Sie bitte die nachfolgenden Möglichkeiten.

Telefondienst/Vertretung

Ob es ein externer Dienstleister ist, der das Telefon für Sie beantwortet, ob es jemand aus Ihrer Familie ist – oder ein Mitarbeiter. Natürlich ist es schön, einen „echten" Menschen am Telefon zu haben, zumal es noch immer Anrufer gibt, die grundsätzlich nicht auf Anrufbeantworter sprechen. Wichtig ist jedoch, dass der Eindruck, den diese Vertretung hinterlässt, auch in Ihrem Sinne ist.

z.B. Einer unserer Geschäftspartner beschäftigt einen externen Telefondienst. Bereits nach zweimaligem Anrufen war klar, dass es sich um einen externen Telefonservice handeln musste: Zwar hatten sich die Angestellten des Telefondienstes mit dem Namen des Unternehmens gemeldet, aber das Handling war zum Teil langwierig, während eines einzigen Vermittlungsvorgangs hatte man manchmal zwei oder drei verschiedene Personen am Telefon.

So etwas macht keinen guten Eindruck. Das soll natürlich nicht heißen, dass jeder externe Telefondienst schlecht ist! Es ist lediglich ein Hinweis, sich die Arbeitsweise und Form genauer anzusehen und mit dem Dienstleister durchzusprechen, wie Sie es haben möchten. Und natürlich auch hin und wieder selbst dort anzurufen und sich anzuhören, wie das Handling der Anrufe ist.

Wie schon kurz angesprochen: Ideal ist es, wenn die Person, die ans Telefon geht, auch Detailwissen über Sie und Ihr Unternehmen hat und in einem bestimmten Rahmen Anfragen direkt beantworten kann – oder aber kompetent die richtigen Fragen stellt, damit Sie die Anfrage gut und schnell bearbeiten und erledigen können.

Anrufbeantworter-Ansagen

Zu den verschiedenen Möglichkeiten, was Telefon und Technik angeht, gibt es ab Seite 167 nähere Hinweise. In diesem Abschnitt geht es um die Ansage: Es ist wichtig, auf eine kurze und aussagekräftige Ansage zu achten. Zu lange Texte können einen Anrufer verärgern oder dazu verleiten, dass er vorzeitig auflegt. Wer zu wenig redet, unterschlägt möglicherweise wichtige Informationen.

Wichtige Tipps für Ihre Ansagen

- Geben Sie klare Informationen
  Haben Sie bestimmte Zeiten, zu denen Sie erreichbar sind? Dann sprechen Sie sie auf Band. Sie müssen aber auch stimmen! Nichts ist ärgerlicher als die Ansage „wir sind ab 15 Uhr für Sie da" und bei Anruf ist es halb vier. Wenn Sie länger weg sind, zum Beispiel auf einer Messe, oder einen Termin bei einem Kunden haben, der länger dauert, sprechen Sie das aufs Band: Gerade bei Einzelfirmen ist jedem klar, dass man nicht immer am Schreibtisch sitzen kann. Erfährt der Anrufer, was Sache ist, kann er sich darauf einstellen, dass Sie sich nicht sofort melden werden. Schon diese Information hilft ihm weiter, weil er sich nicht ständig wundert, wieso Sie noch immer nicht angerufen haben – oder der Anrufer beschließt, Sie auf andere Weise zu kontaktieren.

- Bitten Sie freundlich, eine Nachricht zu hinterlassen
  Bedanken Sie sich für den Anruf und bitten Sie darum, dass der Anrufer eine Nachricht, zumindest Namen und Telefonnummer, hinterlässt. Nicht jeder ist ein Fan von Maschinen und die Wahrscheinlichkeit, dass doch eine Nachricht hinterlassen wird, steigt, wenn Sie aktiv darum bitten.

- Geben Sie Alternativen der Kontaktaufnahme
  Nennen Sie Ihre Faxnummer oder auch E-Mail-Adresse, dann ist es dem Anrufer möglich, ein anderes Medium zu wählen. Sie können natürlich auch Ihre Mobilnummer hinterlassen.

! Achten Sie auf regionale Feiertage! Häufig vergessen Unternehmen, dass ihr freier Tag in anderen Regionen ein normaler Arbeitstag ist. Nennen Sie den Grund für Ihre Abwesenheit – eventuell lohnt es sich für Ihr Unternehmen auch, eine „Feiertagsschicht“ einzulegen, bei der zumindest das Telefon besetzt ist.

Handy

Immer und überall erreichbar sein durch das Mobiltelefon – ist das sinnvoll? Abgesehen von Positionen oder Branchen, wo Sie Notdienste machen und immer und überall erreichbar sein müssen, nur begrenzt. „Normale“ Geschäftsleute übertreiben da aber meist – was kontraproduktiv ist. Sie sollten nur dann Ihr Handy eingeschaltet haben, wenn Sie auch sicherstellen können, dass Sie konzentriert mit dem Anrufer telefonieren können.

Ihre Stimme und die Umgebung wirken sich deutlich auf die Qualität eines Gespräches aus. Wer am Telefon gehetzt wirkt, kann zwar eine Frage beantworten, wird aber beim Anrufer keinen besonders angenehmen persönlichen Eindruck hinterlassen.

! Die Regel ist ganz klar: Handy abschalten, wenn Sie in Besprechungen sind oder in einem Restaurant sitzen oder sonst in anderer Mission unterwegs sind. – Die absolute Ausnahme sind irgendwelche Notfälle oder Sondervereinbarungen. Denken Sie bitte auch immer an Ihre aktuelle Begleitperson!

Ein Mobiltelefon ist allerdings allgemein sehr praktisch und anzuraten: Denn Sie können auch mit einem „passiven Handy“ sehr effektiv arbeiten. Wir selbst haben beispielsweise, wenn wir unterwegs sind, unser Telefon auf die Mailbox umgeleitet und unser Handy immer dabei, um die Mailbox regelmäßig abzuhören und Anrufer zurückzurufen. Wenn wir ein Training haben, rufen wir in dringenden Fällen während einer Pause zurück. Wenn es länger dauert, melden wir uns kurz und geben einen Zwischenbescheid oder vereinbaren einen Gesprächstermin zu einem späteren Zeitpunkt.

Unsere Mobilnummer kennt niemand: Denn wir sorgen dafür, dass wir über die Büronummer immer erreicht werden können.

z.B.

Ein Handwerker, der immer unterwegs ist, bekam während jedes Kundenbesuches zig Nachrichten auf seine Mailbox. Allein das Abhören des Handys und das Herausfiltern der dringenden Anrufe zwischen den Besuchen nahm wahnsinnig viel Zeit in Anspruch. Zeit, die der Handwerker nicht hatte, weil er schon wieder unterwegs sein musste zum nächsten Auftrag. In diesem Fall war es sinnvoller, alle Anrufe über sein Büro laufen zu lassen. Dort filterte man die dringenden Anrufe heraus und schickte dem Handwerker eine SMS, bei wem er sich melden sollte oder dass er im Büro anrufen sollte.

So kann sowohl die schnelle Reaktion sichergestellt als auch die Zeit besser genutzt werden.

! Wichtiger als Erreichbarkeit um jeden Preis ist, dass Anrufer freundliche und kompetente Ansprechpartner haben – oder eindeutige Hinweise auf dem Anrufbeantworter bekommen. Und dass Sie sich schnell melden. Das macht nicht nur für die einzelne Anfrage einen guten Eindruck (abgesehen davon, dass es selbstverständlich sein sollte, dass Sie schnell und zuverlässig reagieren), sondern fördert auch das Vertrauen in Ihr Unternehmen.

Technische Unterstützung

„Mein Telefon, das unbekannte Wesen“ heißt es für so manchen. Dabei lohnt es sich, sich mal ein Stündchen mit der Gebrauchsanweisung hinzusetzen und zu sehen, was es alles an technischen Möglichkeiten bereithält: von Schnellwahl-Tasten über Telefonnummern-Speicher bis hin zu Konferenzschaltungen und Rufumleitungen.

Um Sie zu inspirieren, führen wir beispielhaft ein paar hilfreiche Funktionen an, wie diese Ihnen bei Ihrer guten Telefon-Organisation nutzen können. Checken Sie Ihre individuell möglichen Funktionen per Gebrauchsanweisung Ihres Telefons oder Ihrer Telefonanlage ab. Beachten Sie, dass es für manche Funktionen besonderer Merkmale Ihres Telefonanschlusses bedarf (beispielsweise ISDN-Anschluss). Unklarheiten diesbezüglich klären Sie mit der Hotline Ihres Netzbetreibers.

Telefonnummern-Speicher

Sie können Telefonnummern, die Sie häufig brauchen, in einem Telefonbuch in Ihrem Apparat speichern. Die Mühe lohnt sich: Beschränken Sie sich aber wirklich auf die Nummern, die Sie oft brauchen, sonst bläht sich Ihr Telefonbuch unnötig auf und wird umständlich in der Handhabung. In der Regel können Sie einzelne Nummern durch Blättern im Telefonbuch finden – oder über eine spezielle Suchfunktion. Wichtig ist – wie in jedem Verzeichnis – dass Sie eine sinnvolle Namensstruktur eingeben. Also beispielsweise bei Kontakten die Firma mit dazuschreiben, weil sich der Ansprechpartner dort ändern könnte. Oder ein Mitarbeiter von Ihnen auch einmal in Ihrem Telefonbuch eine Firma sucht und diese dann unter Umständen nicht findet, weil er den Namen der Person dort nicht kennt. Auch wichtig ist es, bei mehreren Einträgen für eine Person zu kennzeichnen, ob es sich um die Privat- oder Geschäftsnummer handelt.

Schnellwahl-Tasten und -Kombinationen

Mittlerweile bietet so gut wie jedes Telefon die Möglichkeit, oft genutzte Rufnummern auf Zielwahltasten oder Kurzwahl-Kombinationen zu legen. Damit können Sie einen bestimmten Teilnehmer schnell und unkompliziert mit einer einzigen Taste anwählen. Wichtig ist, dass Sie Ihren Telefonapparat aussagekräftig beschriften und klarmachen, welcher Kontakt auf welcher Taste „liegt" (wieder daran denken, dass unter Umständen jemand anderer von Ihrem

Apparat aus telefoniert und bei eindeutiger Beschriftung alle Funktionen nutzen kann). Kurzwahlen funktionieren über Tastenkombinationen. Je nach Anlage haben Sie einen bestimmten Nummernbereich frei, den Sie belegen können. So wird dann eine ellenlange Telefonnummer zu einem Kontakt nach London plötzlich zu #100. Legen Sie eine Liste Ihrer Kurzwahlen an, die am Telefon oder irgendwo in Sichtweite an Ihrem Arbeitsplatz liegt.

Rufumleitung

Sie sind nicht am Platz – dann aktivieren Sie die Rufumleitung: entweder intern an einen Ihrer Kollegen (nach vorheriger Rücksprache natürlich!) oder zu einer externen Telefonnummer. Oder natürlich zu einer Mailbox. In der Regel gibt es verschiedene Varianten der Rufumleitung: die feste Umleitung (ohne erst am angewählten Apparat zu klingeln, geht das Gespräch direkt an den Apparat, der per Umleitung angesteuert wird) oder die verzögerte Umleitung (nach einer festgelegten Anzahl von Klingelzeichen wird auf den Zielapparat umgeleitet).

Einsatzgebiete sind zum Beispiel innerhalb des Büros: Wenn Sie nicht abheben, geht das Gespräch nach einigen Klingelzeichen zu einem anderen Apparat, zurück zur Zentrale oder auf Ihre Mailbox. Arbeiten Sie von verschiedenen Arbeitsplätzen aus? Manchmal aus der Firma, manchmal aus dem Home-Office? Per Umleitung erreichen Sie alle Anrufe am heimischen Schreibtisch, ohne dass der Anrufer das bemerkt. Sind Sie viel unterwegs? Dann können Sie Ihre Rufnummer auch direkt aufs Handy umleiten und erhalten die Anrufe dann auch auf Reisen.

Die Anzahl der Klingeltöne sollte nicht zu hoch sein. Wenn Sie am Arbeitsplatz sind, werden Sie üblicherweise nach zwei, spätestens dreimaligem Klingeln abheben können. Muten Sie keinem Anrufer endloses Klingeln zu, bis die Umleitung „anspringt“.

> **!** Informieren Sie sich vorher über die Kosten einer Umleitung! Bei einer Umleitung aufs Handy beispielsweise bezahlen Sie die Telefonkosten vom angewählten Apparat zum Handy. Das kann sich trotzdem lohnen, weil es andere Vorteile für Sie und Ihre Geschäftskontakte hat. Das kann aber auch unnötigerweise sehr ins Geld gehen.

Automatischer Rückruf

Statt immer wieder zu probieren und dann doch wieder das Belegtzeichen zu hören, aktivieren Sie den automatischen Rückruf: Sobald der Gesprächspartner auflegt, klingelt Ihr Telefon und das des anderen ebenfalls.

Wer viel innerhalb der Firma telefoniert, kann auch auf die Möglichkeiten seiner Display-Anzeige achten. Es gibt Telefonanlagen, bei denen man sich anzeigen lassen kann, welche Nebenstelle derzeit belegt oder nicht verfügbar ist. Das ist ein hervorragendes Werkzeug! Denn man sieht bei internen Anrufen oder wenn man einen Anruf weiterverbinden möchte, gleich, ob der betreffende Mitarbeiter frei oder besetzt ist. Das spart viel Zeit und unnötige Mehrfachversuche. – Sofern die Displayanzeige nicht groß genug für alle Nebenstellen ist, kann man möglicherweise die Anzeige bei jedem Telefon individuell einstellen: So kann sich jeder nur die anzeigen lassen, mit denen er verstärkt Telefonkontakt hat.

Wenn Ihr Telefon überhaupt kein Display hat, lohnt sich das Nachfragen auch – in der Regel gibt es auch für Telefonanlagen verschiedene Arten von Endgeräten, vom einfachen Apparat mit minimaler Funktion bis hin zum Endgerät „mit allen Schikanen“. Ein absolutes Muss ist diese Funktion für die Telefonzentrale – nur so kann diese effektiv und serviceorientiert arbeiten. Sofern Ihre Telefonzentrale mit einem normalen Telefonapparat ausgestattet ist, fragen Sie bei Ihrer Telefonfirma nach: In der Regel gibt es für jede Anlage besondere Vermittlungsapparate mit hilfreichen Zusatzfunktionen speziell für die Zentrale.

> **!** Bei ISDN-Telefonen wird Ihnen häufig im Display die Nummer des Anrufers angezeigt. Da diese Kennung jeder selbst bestimmen kann, heißt das aber, dass nicht jede angezeigte Telefonnummer auch die Nummer ist, unter der Sie den Anrufer immer erreichen können. Denn dieser kann von einem anderen Apparat anrufen. Schreiben Sie also niemals einfach eine Nummer vom Display ab, wenn Sie eine Rückrufnummer haben möchten: Fragen Sie immer nach!

Noch ein Hinweis zum Thema Lautsprecher: Es ist schlechter Stil und obendrein unhöflich, ein Gespräch unangekündigt auf Lautsprecher zu stellen. Egal ob man es macht, um jemand anderen mithören zu lassen oder um die Hände beim Sprechen frei zu haben. Ihr Gesprächspartner hört es am halligen Ton, wenn auf Lautsprecher gestellt ist – beim Freisprechen ist zudem die qualitative Wiedergabe meist sehr schlecht. Es ist unangenehm, auf diese Art zu telefonieren, weil man ständig nachfragen muss.

Anrufbeantworter/Voice-Mail

Die wichtigsten Punkte zum Einsatz von Anrufbeantwortern haben wir bereits ab Seite 162 besprochen. An dieser Stelle noch ein paar Worte zur Technik. Je nachdem, mit welchem Telefon oder welcher Telefonanlage und mit welchem Netzbetreiber Sie arbeiten, Sie haben mittlerweile verschiedene Möglichkeiten, was Anrufbeantworter betrifft:

- Manche Telefone sind Kombi-Geräte: Die Anrufbeantworter-Funktion ist bereits eingebaut.
- Eventuell haben Sie einen separaten Anrufbeantworter angeschlossen.
- Sie arbeiten mit Voice-Mail in Ihrer Telefonanlage oder bei Ihrem Netzbetreiber.

Worauf Sie in jedem Fall beim Kauf achten sollten, ist die Qualität der Ansage und darauf, dass die technischen Funktionen Ihren Vorstellungen entsprechen. Hier gibt es große Unterschiede: von der Aufnahme auf Band bis hin zum Chip. Ein günstiges Gerät kann wunderbar klingen und toll funktionieren, in der Regel lohnt es sich jedoch, ein hochwertigeres Gerät anzuschaffen – abgesehen von der Klangqualität sind natürlich die Funktionen und der Komfort in der Bedienung sehr wichtig. Überlegen Sie sich, was der Anrufbeantworter können sollte – und wie Sie ihn nutzen möchten.

Zwei Beispiele: Allein der Punkt „Ansagezeit“ kann sehr unterschiedlich sein. Es gibt Geräte, bei denen nur eine bestimmte Anzahl von Sekunden zur Verfügung steht – andere, bei denen Sie beliebig lange Ansagen machen können. Auch die Art der Informationen, die Sie über eingehende Anrufe haben möchten, kann ausschlaggebend sein: Moderne Geräte geben Datum und Zeit des Anrufers mit an. Achten Sie vor allen Dingen auch darauf, wie die Fernabfrage funktioniert! Gerade Businessleute müssen und wollen ihre Anrufe aus der Ferne abfragen, um auch von unterwegs zeitnah reagieren zu können.

! Probieren Sie den Anrufbeantworter vor dem Kauf aus! Testen Sie, wie einfach er zu bedienen ist, und prüfen Sie die Klangqualität. Klingt die Ansage auf dem Anrufbeantworter blechern und unpersönlich, macht man leicht einen unprofessionellen und auch unfreundlichen Eindruck. Besonders negativ ist es natürlich, wenn wegen der bescheidenen Aufnahmequalität nur die Hälfte zu verstehen ist.

Und jetzt bekommen Sie noch wichtige Grundlagen zum wirkungsvollen Telefonieren. Auf den ersten Blick sieht alles immer sehr banal aus – weil es, wenn man es so liest, um „Selbstverständlichkeiten“ oder „bloß Details“ geht. Tatsächlich sind es aber genau diese Bereiche, die in der Praxis leider häufig nicht (genug) beachtet werden. Zeit sparen zum Beispiel: Versuchen Sie es erst gar nicht, eine oder zwei Stunden am Stück frei zu bekommen – indem Sie nur einen Bereich Ihrer Arbeit umorganisieren – die Einzelaspekte machen es aus: Hier einige Minuten gespart, dort einige Minuten, das summiert sich über den Tag. Sie haben im Verlauf des Buches sicherlich schon einige Male gestaunt, wie schnell das geht. So kann man auch beim Telefonieren Zeit und Geld sparen.

Wirkungsvoll telefonieren

Sie können wirkungsvoll telefonieren und dabei gleichzeitig Zeit und damit auch Geld sparen, wenn Sie

- einen guten Eindruck machen und Ihr positives Image verstärken;
- service- und zielorientiert sind;
- Ihren Gesprächspartner und die Zeit (Ihre und die des anderen) respektieren;
- mit dem wenigsten Aufwand das beste Resultat erreichen.

Die Grundlagen für wirkungsvolles Telefonieren

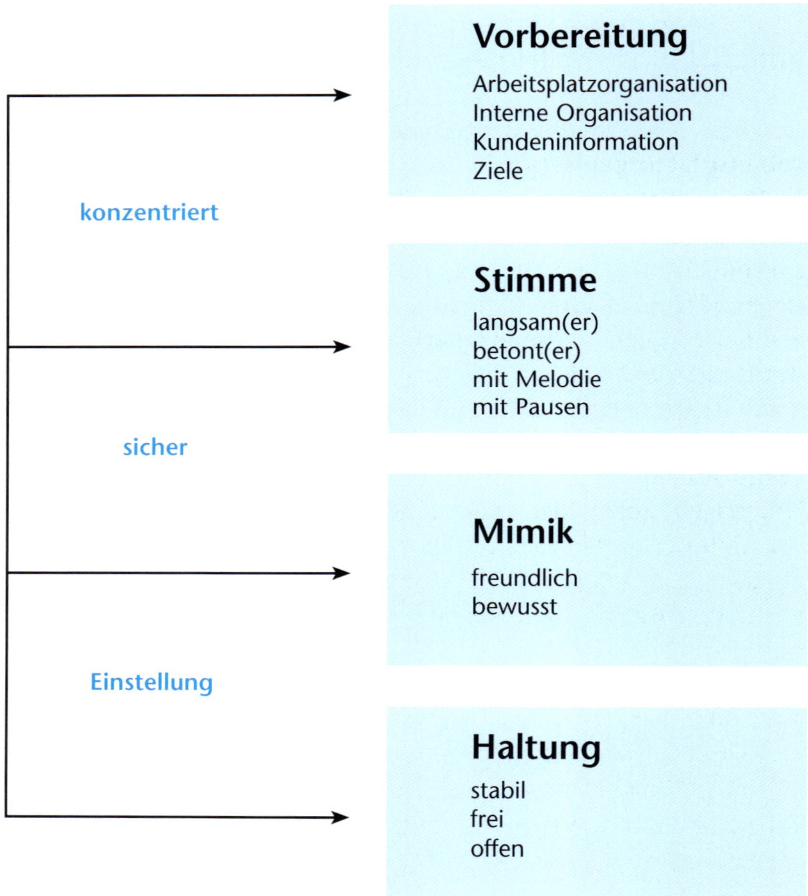

Zeigen Sie immer Respekt
Person / Zeit / Sache
aufrichtig!

Vorbereitung

Jedes Telefongespräch – egal, ob Sie angerufen werden oder „raus telefonieren" – lässt sich vorbereiten. Und Vorbereitung ist hier im weitesten Sinne gemeint. Hier einige Stichworte, die Ihnen dabei helfen sollen, Ihre individuelle Firmensituation zu analysieren.

Arbeitsplatzorganisation

Ist Ihr Arbeitsplatz telefontauglich? Fühlen Sie sich wohl an Ihrem Schreibtisch? Es gibt Menschen, die sich an ihrem Arbeitsplatz sehr unwohl fühlen, weil sie beispielsweise mit dem Rücken zur Türe sitzen oder weil es sehr laut ist. Es ist wichtig, dass Sie hier – soweit wie nur möglich – Abhilfe schaffen. Wer sich nicht wohl fühlt oder durch äußere Umstände gestört ist, wird nicht gut arbeiten.

Natürlich geht es nicht nur um Organisation im Sinne von „wohl fühlen am Arbeitsplatz": Erreichen Sie alle Werkzeuge und Unterlagen gut? Oder müssen Sie sich verrenken, um an den Telefonhörer zu kommen? Haben Sie genug freie Fläche, um sich Notizen zu machen? Ist Ihr Computerprogramm auf „stand by", wenn Sie etwas nachsehen wollen?

! Achten Sie darauf, dass neben jedem Telefon immer Schreibzeug bereitliegt. Sofern Sie Mitarbeiter beschäftigen, ist es auch wichtig, überall eine Telefonliste mit Namen und Zuständigkeiten zu hinterlegen. Dann kann jedes Gespräch auch zügig und richtig weiterverbunden werden.

Interne Organisation

Die Zuständigkeiten, die Arbeitsprozesse – auch das gehört zur guten Vorbereitung und wirkt sich enorm auf die Effizienz aus.

z.B. Wenn Sie selbst oder einer Ihrer Mitarbeiter sehr schlecht telefonisch zu erreichen sind, wirkt sich das sehr negativ aus: Anrufer kommen nicht durch – das frustriert, wirft ein schlechtes Licht auf das Unternehmen (Stichwort: Service) und kann dazu führen, dass Sie den Geschäftskontakt verlieren.

In Unternehmen, wo die Mitarbeiter telefonieren und gleichzeitig Kunden empfangen, liegt oft einiges im Argen – und damit meine ich sowohl den Service gegenüber den „telefonischen" und persönlichen Besuchern als auch die Situation der Mitarbeiter selbst. Das Gefühl, nicht Herr der Lage zu sein („Was soll ich noch alles gleichzeitig tun") und dazu häufig noch den – verständlichen – Unmut Ihrer Kunden zu ertragen, wenn sie nicht die Aufmerksamkeit bekommen, die sie verdienen, kommt der Arbeitsmoral und dem Engagement nicht gerate zugute.

Die Kundeninformationen

Alle relevanten Kundeninformationen – ob in Papierform oder im Computer – sollten auf Abruf einsehbar sein. Besonders wenn Sie selbst der Anrufer sind, ist es wichtig, dass Sie alle relevanten Unterlagen bereitlegen und sie sich vorher noch einmal ansehen. Vor allem bei Rückrufen wird häufig ohne adäquate Vorbereitung die Nummer gewählt, um möglichst schnell zu reagieren. Doch das bringt dem Gesprächspartner nicht viel: Denn wenn der Anrufer nicht ausreichend informiert ist, muss er entweder alles noch einmal erzählen, warten oder erneut zurückgerufen werden.

Schließlich geht es darum, unnötiges Weiterverbinden zu vermeiden. Werden bestimmte Themen oder Anfragen weitergeleitet, obwohl sie genauso gut von der Telefonistin oder jedem im Hause beantwortet werden könnten? Fertigen Sie eine Art FAQ-Liste (frequently asked questions – häufige Fragen) an und informieren Sie die betreffenden Mitarbeiter darüber. Sicherlich gibt es eine Reihe von Themen, die jeder – mit der entsprechenden Info – direkt beantworten kann.

Sich über die Ziele klar werden

Machen Sie sich vor jedem Gespräch, das Sie initiieren, Ihre Ziele klar. Schreiben Sie diese auf einen Zettel. Nicht nur ein Stichwort – sondern eine aussagekräftige Formulierung. So stellen Sie sicher, dass Sie nichts vergessen und auf Kurs bleiben.

z.B.

Dann steht auf Ihrem Zettel zum Beispiel:

- Liefertermin 10. April mitteilen
- Preisnachlass: auf 400 Euro runtergehen (statt 440 Euro)
- auf Sonder-Aktion „10 % Nachlass für jede Bestellung im Juli" hinweisen

Stimme

Langsam(er) sprechen und Pausen machen

Per Telefon gehen leicht Informationen verloren. Nicht immer ist die Verbindung gut – aber auch das Fehlen der visuellen Eindrücke erschwert manchmal das Verständnis. Achten Sie deshalb darauf, am Telefon etwas langsamer als normal zu sprechen. Natürlich nicht unnatürlich langsam! Und legen Sie Pausen ein.

z.B.

Ein schönes Beispiel dafür ist der eigene Name: Wenn ich mich persönlich bei jemandem vorstelle, sage ich meinen Namen ganz normal: Das klingt dann so ähnlich wie „GitteHerta". Wenn ich mich am Telefon vorstelle, betone ich Vor- und Nachnamen besonders: Ich spreche Vokale und Endungen sehr deutlich aus. Und mache dazwischen eine Pause. Das klingt dann so: „GittE ... HärteR".

Das betonte Aussprechen aller Buchstaben und die längere Pause dazwischen klingen im persönlichen Gespräch albern: Am Telefon ist es jedoch nötig, um dem Gegenüber eine „faire" Chance zu geben, den Namen auch tatsächlich auf Anhieb zu verstehen.

! Wenn Sie einen Namen haben, dessen Schreibweise nicht eindeutig ist, dann seien Sie so freundlich und buchstabieren Sie ihn.

Betonter und „mit Melodie" sprechen

Insbesondere, wenn Sie eine längere Erklärung am Telefon abgeben, ist es wichtig, abwechslungsreich zu sprechen. Wer monoton spricht, macht es dem Gesprächspartner schwer, dem Monolog aufmerksam zu folgen. Besonders Männer mit tieferer Stimme haben oft einen sehr begrenzten Tonumfang. Natürlich heißt das jetzt nicht, dass Sie in wilden Sing-Sang ausbrechen. Setzen Sie Betonung und Nuancen von laut und leise bewusst ein – und sichern Sie sich so die Aufmerksamkeit des Gegenübers.

Nur keine Hektik!

Sie haben am Telefon alle Zeit der Welt. Hören Sie sich mal bewusst dabei zu, wie Sie telefonieren. Die meisten Menschen glauben, sie müssten sich am Telefon wahnsinnig beeilen. Das führt dazu, dass unnötige Unruhe entsteht, zum Beispiel durch die Wortwahl („Ich wollte nur schnell fragen ..."). Auch ist es häufig kontraproduktiv, weil Gespräche statt kürzer in Wirklichkeit länger werden: Durch Hektik werden Zusammenhänge nicht klar, geht Bedeutung verloren – und das Gespräch mündet in ständige Rückfragen. Bereiten Sie sich auf ein Gespräch vor – beachten Sie die umfangreichen Tipps in diesem Buch-Abschnitt. Und bewahren Sie bitte Ruhe! Ein besonnenes und angenehm ruhiges, gut strukturiertes Gespräch bringt beiden Seiten mehr.

Mimik

„Freundlich und bewusst" sollte die Mimik beim Telefonieren sein. Ja, es stimmt tatsächlich: Ein Lächeln ist am Telefon hörbar. Wer ernst und verkniffen schaut, kommt auch so rüber. Das kann dazu führen, dass der Gesprächspartner sich nicht wohl fühlt und das Gespräch für beide Seiten nicht besonders angenehm verläuft. Lächeln ist also immer gut. Aber natürlich kein gezwungenes, unnatürliches Pseudo-Lächeln. Die meisten Leute sind nette, freundliche Menschen wie Sie und ich. Durch Druck, Hektik oder ganz einfach Konzentration auf etwas anderes verspannen wir uns häufig ganz unbemerkt.

z.B.

Manche Menschen bekommen, wenn sie sich konzentrieren, automatisch eine Zornesfalte auf der Stirn – eine Verspannung. Klingelt nun das Telefon und man greift automatisch zum Hörer, behält man diesen Gesichtsausdruck mitunter bei. Und das hat Auswirkungen auf das Telefongespräch. Beobachten Sie sich selbst: Sie werden merken, wie sich Klang und Wirkung mit Ihrer Mimik verändern. Lächeln Sie einmal freundlich und sagen laut: „Schön, dass Sie anrufen!" Machen Sie jetzt einmal ein ganz verkniffenes, ernstes Gesicht und wiederholen Sie den Satz noch einmal. Und wenn Sie sich jetzt noch vor Augen halten, dass der Gesprächspartner nur eine Stimme „vor Ohren" hat, wird klar, warum es so wichtig ist, bewusst mitzubekommen, was man tut.

Da jeder in der Arbeit „multitaskingfähig" sein muss, diverse Projekte und Tätigkeiten im Kopf hat, ist es hilfreich, sich an solche „Kleinigkeiten" selbst zu erinnern. Bewährt haben sich einige einfache Strategien.

Der gute alte Smiley ☺

Kleben Sie sich einen Smiley ans Telefon. Oder stellen Sie ihn sich zum Beispiel als Ball auf den Schreibtisch. Wichtig ist nur, dass Sie ihn im Blickfeld haben, bevor Sie das Telefon abheben. Der Smiley erinnert Sie daran, entspannter und freundlich zu schauen. Außerdem animiert allein das Anschauen zum Lächeln.

Telefonieren mit Spiegel

Den Tipp, mit einem Spiegel zu telefonieren, finden viele Menschen absurd und lächerlich. Das ging mir zunächst genauso. Was ist daran so gut, vor einem Spiegel zu telefonieren? Sie haben ein Gegenüber: Sie werden von Haus aus lächeln, wenn Sie jemanden ansehen (auch wenn es „nur" Sie selbst sind). Es fällt einfach leichter, mit jemandem zu telefonieren, der einem wohl gesonnen ist. – Dieses Gefühl funktioniert übrigens auch sehr gut, wenn Ihr Gesprächspartner aus irgendeinem Grund verärgert ist: Es gibt Sicherheit, jemanden anzusehen, der freundlich zurückschaut. Ein kleiner Kosmetik-Standspiegel genügt schon. Probieren Sie es aus!

Haltung

Auch Ihre Haltung hat Einfluss darauf, wie Sie beim anderen ankommen. Das kennen Sie auch aus persönlichen Gesprächen: Ein Zusammenkrümmen, „Zumachen" wirkt sich – auf Sie selbst und Ihr Gegenüber – ganz anders aus, als wenn Sie sich dem anderen offen zuwenden und eine gerade und stabile Haltung einnehmen. Mit „stabil" ist gemeint, dass Sie sich möglichst gerade hinsetzen, beide Beine bequem nebeneinander stellen. Besonders Frauen sitzen oft mit „verknoteten" Beinen da: entweder übereinander geschlagen oder um das Stuhlbein geschlungen. Wenn es für Sie bequem ist: wunderbar. Besonders bei Gesprächen, die man als schwierig empfindet, lohnt es sich, die geschilderte stabile Haltung einzunehmen: Durch den Bodenkontakt gewinnen Sie eine ganz andere Sicherheit und treten entsprechend auf.

! Es gibt Menschen, die am Telefon unruhig hin- und hertigern. Diese Unruhe überträgt sich auf das Gespräch und auf den anderen. Es ist sehr unangenehm, während eines Telefongespräches gedrängt zu werden – oder sich zumindest gedrängt zu fühlen. Wer unruhig ist, vermittelt dem anderen, dass er stört, und treibt das Gegenüber unnötig an. Wenn Sie tatsächlich momentan keine Zeit für das Gespräch haben, sagen Sie das offen und freundlich – dann kann sich der andere kurz fassen oder Sie vereinbaren einen alternativen Gesprächstermin. Damit ist beiden gedient.

Eine wunderbare Erfindung, deren Anschaffung sich wirklich lohnt, sind Headsets (Kopfhörer) für das Telefon. Jeder, der viel telefoniert, sollte es auf jeden Fall einmal ausprobieren: Einmal ist es gut für Ihre Körperhaltung – das ewige Einklemmen des Hörers hat ein Ende. Ihr Nacken dankt es Ihnen! Sie haben außerdem beide Hände frei, können bequem im Computer etwas nachsehen, etwas aufschreiben – oder einfach mit den Händen gestikulieren, wenn Sie zu den Leuten gehören, die mit den Händen „sprechen". Das Sprechen ist außerdem viel natürlicher und freier. Sie werden sehen, dass die Qualität der Telefongespräche und Ihre Wirkung positiv verstärkt werden. Headsets gibt es in den verschiedensten Ausführungen: für beide Ohren, für ein Ohr, mit Kopfbügel oder nur zum Übers-Ohr-Hängen. Sprechen Sie mit Ihrer Telefonfirma oder dem Hersteller Ihres Telefons. Wer mit einem Dienstleister zusammenarbeitet, der sich um die Telefonanlage kümmert, kann unter Umständen ein Headset zum Testen erhalten und sich erst nach einer Probephase entscheiden, ob er es tatsächlich nutzen möchte.

Konzentriert telefonieren

Ob es eine zweite Leitung ist, die klingelt, ob ein wichtiger Termin bevorsteht, der Kopf voller anderer Projekte ist oder im Großraum die Kollegen lachen: Es gibt viele Gründe, aus denen man abgelenkt ist.

Doch auch das wirkt sich negativ auf ein Telefongespräch aus: Der andere merkt, wenn Sie nicht ganz bei der Sache sind. Das Gespräch wird meist länger als nötig, weil es zu Nachfragen kommt. Oder ein zweites Gespräch wird erforderlich, um fehlende Informationen einzuholen.

Das müssen übrigens nicht nur fachliche Informationen sein: Auch die Sensibilität, dem Gesprächspartner genau zuzuhören und auch zwischen den Zeilen zu lesen, leidet. Bitte richten Sie immer Ihre volle Konzentration auf Ihren Gesprächspartner und die zu besprechenden Inhalte. Wenn Sie merken, dass Sie abschweifen, holen Sie sich bewusst wieder zurück. Übrigens gehört zu Ablenkungen auch das beiläufige Kritzeln, Schreiben oder Zeichnen. Wenn Sie beginnen, nebenher zu malen, prüfen Sie, ob Ihnen das Telefongespräch zu langwierig oder uninteressant ist. Auf Seite 183f. erhalten Sie Tipps, was Sie mit zu langen Gesprächen machen können oder wie Sie sie vermeiden.

Nicht nur auf Inhalte achten, sondern auch auf Wirkung

Gerade am Telefon wird häufig fast ausschließlich auf die Inhalte geachtet – WAS wird gesprochen – und überhaupt nicht darauf, WIE gesprochen wird. Für eine gute Kommunikation, die sowohl eine angenehme Atmosphäre schafft als auch ergebnisorientiert auf den anderen eingeht, ist jedoch diese persönliche Seite ebenfalls sehr wichtig. Ich beobachte in meinen Trainings immer wieder, dass dieser Aspekt völlig unter den Tisch fällt. Oder allenfalls unbewusst wahrgenommen wird und sich entsprechend auswirkt.

Es gibt Telefongespräche, bei denen wir uns wohl fühlen – das Gespräch fließt, alles wird geklärt, wir legen den Hörer auf, lächeln, wir fühlen uns wohl. Bei anderen Gesprächen fühlen wir uns unwohl, was sich durchaus bis weit nach Beendigung des Gespräches noch halten kann. Dieses Fühlen und Aufnehmen der Atmosphäre hat jeder – mehr oder weniger ausgeprägt. Sie können also davon ausgehen, dass es Ihrem jeweiligen Gesprächspartner ganz genauso geht. Achten Sie also darauf, wie Sie sich geben. Und gehen Sie aktiv und konstruktiv damit um, wenn Sie sich bei einem Gesprächspartner oder mit einem Telefongespräch nicht wohl fühlen.

z.B.

Sie merken, dass sich der Tonfall Ihres Gesprächspartners verändert, vermuten, dass Sie ihn durch irgendetwas verärgert haben. Bevor Sie nun spekulieren, sich unwohl fühlen oder gar in die Defensive gehen, sprechen Sie Ihre Beobachtung an: „Sie hören sich anders an als vorhin ... habe ich Sie in irgendeiner Form verärgert?“ Schweigen Sie und warten Sie auf eine Antwort. So geben Sie Ihrem Gesprächspartner die Möglichkeit, es offen auszusprechen, wenn es ein Ärgernis gibt – oder Ihr Gefühl als Fehleinschätzung zu berichtigen. Das ist für beide Seiten gut, denn es soll ja nicht unnötig irgendein negatives Gefühl aufkommen, das den Umgang miteinander belastet.

Respektvoll am Telefon

Das Wichtigste: Gehen Sie immer respektvoll mit Ihrem Gesprächspartner, der Sache und mit sich selbst um. Suchen Sie den Dialog – hören Sie aktiv zu, fragen Sie nach, wiederholen Sie, sprechen Sie MITeinander und nicht, wie das leider häufig der Fall ist, nebeneinander her. Ein Grundsatz in der Kommunikation lautet: „Wer fragt, führt (das Gespräch)“. Es lohnt sich, sich diesen Satz immer wieder in Erinnerung zu rufen. Viele Gespräche werden länger als nötig, wenn man sich zu reaktiv verhält: Am besten gewöhnen Sie sich an, aktiv Fragen und Rückfragen zu stellen und damit das Gespräch zu lenken. Und: Sie sind der Fachmann, wenn es um Belange rund um Ihr Unternehmen oder Ihre Dienstleistung geht. Sie wissen beispielsweise ganz genau, welche Angaben Sie von Ihrem Kunden brauchen, um ein Angebot zu erstellen. Also warten Sie nicht ab, bis Ihr Gesprächspartner von sich aus die verschiedenen Informationen „zufällig“ gibt, sondern fragen Sie aktiv nach.

! Es lohnt sich, für Sie selbst oder für Ihre Mitarbeiter gute Telefontrainings oder Coachings zu organisieren. Die meisten Menschen vergeben Chancen, indem sie nicht auf die Details achten. So lässt sich sowohl der Eindruck, das Ergebnis als auch das Verhältnis von Zeit und Aufwand merklich verbessern. Bei sehr guten Telefonierern lohnt sich der „Feinschliff“.

Telefongespräche werden zu lang

In meinen Telefontrainings kommt immer wieder ein wichtiges Thema zur Sprache: Wie kann man Telefongespräche kürzen, ohne in irgendeiner Form unhöflich zu wirken? Dabei wird häufig völlig außer Acht gelassen, dass die Dauer eines Telefongesprächs von sehr vielen Aspekten beeinflusst wird und nicht nur davon, dass der Gesprächspartner „zu lange“ redet.

Das eigene Telefonverhalten prüfen

Es ist kaum zu glauben: Viele Leute, die darunter leiden, dass ihre Gesprächspartner kein Ende finden, sind selbst wesentlich daran beteiligt, zum Beispiel weil sie

- zum „Labern" einladen;
- nicht aktiv genug sind (dem Gesprächspartner die Führung überlassen);
- undeutlich oder unstrukturiert reden, was häufiges Nachfragen erforderlich macht;
- sehr ausschweifend sind und nicht auf den Punkt kommen;
- nicht gut vorbereitet sind oder dem Gesprächspartner keine Vorab-Info zukommen lassen;
- sich vom Kurs abbringen lassen (Themen nicht zu Ende führen);
- mit der falschen Person sprechen.

Stichwort „Smalltalk"

Wir sind keine Maschinen – und zu einem freundlichen Miteinander gehört durchaus auch Smalltalk. Wichtig ist jedoch, hier ein gesundes Maß zu finden. Denn es ist keinem damit gedient, stundenlang Privates oder gar Belangloses zu besprechen.

z.B.

In der Vertriebsabteilung eines Unternehmens war ein Kundenberater, der für viele Gespräche 20 bis 30 Minuten brauchte, nur ein Bruchteil bezog sich auf das Geschäftliche. Rechnen Sie sich aus, wie viele Ressourcen buchstäblich verloren gehen und wie ineffektiv so ein Verhalten ist (abgesehen davon, dass es Ärger im Kollegenkreis gab, die in dieser Zeit des Geplänkels die Vertretung übernehmen mussten – und dass andere Kunden nicht zu ihrem Ansprechpartner durchkamen und sich ärgerten oder ständige Rückrufe anfielen).

Fühlen Sie sich nicht verpflichtet, mit jedem umfassend Smalltalk zu machen. Natürlich ist es nett, ein paar private Worte zu wechseln

– und es gibt immer Geschäftspartner, mit denen man etwas ausführlicher darüber spricht, wie der Urlaub war oder wie das Wetter ist. Das ist auch sehr wichtig. Zusammenarbeit soll nicht nur professionell gut laufen, sondern auch menschlich angenehm sein.

Seien Sie aktiv

Es lohnt sich, diesen Leitspruch aus der Kommunikation zu verinnerlichen. Wer sich aktiv im Gespräch verhält, erhält durch entsprechende Fragen nicht nur die relevanten Informationen, sondern übernimmt die Führung. Bei Fragen zu Ihrem Geschäft sind Sie der Fachmann. Sie kennen sich bei den internen Abläufen, Ihrer Dienstleistung, dem Produkt, Ihren Konditionen selbstverständlich besser aus als Ihre Kunden. Viele Telefongespräche dauern deshalb so lange, weil der Anrufer „nicht auf den Punkt kommt" – vielleicht haben Sie diesen Eindruck. Oder Sie brauchen ganz andere Angaben, um die Frage beantworten zu können und verstehen vor lauter Erklärungen die Frage erst gar nicht.

Gerade wenn sich die Frage auf einen laufenden Geschäftsvorgang bezieht, ist es für eine Antwort oftmals wichtig, den entsprechenden Vorgang erst einmal im Computer aufzurufen oder rauszusuchen. Sagen Sie das! Erfragen Sie gleich zu Beginn den Namen des Anrufers oder die Rechnungsnummer und in etwa, um welches Anliegen es geht. Damit erspart sich jeder unnötige Erklärungen und Wartezeiten, weil sofort die relevanten Informationen zugezogen werden können.

Achten Sie bei der Gestaltung Ihrer Korrespondenz darauf, dass die Angaben, die Sie für die Weiterbearbeitung brauchen, sofort ins Auge springen. Früher war es die Bezugszeichenzeile auf Briefen, heute ist es häufig ein Info-Kasten oder einfach die Rechnungsnummer. Wenn Sie Rechnungsnummern vergeben, können Sie durch entsprechende Formatierung bestimmte Informationen einbauen, die eine Beantwortung vereinfachen.

z.B. In einem Unternehmen verändert sich die Rechnungsnummer, wenn es zu Mahnungen kommt. Aus einer Rechnung 234 wird bei der ersten Mahnung eine X1-234, bei der zweiten Mahnung eine X2-234 usw. Sobald der Kunde seine Rechnungsnummer nennt, ist dem Mitarbeiter gleich klar, dass es sich um eine Mahnung handelt und um die wievielte.

Prüfen Sie auch, wie Sie Telefonanrufe vermeiden können, die als Folge von missverständlicher Korrespondenz nötig werden.

z.B. Seminarteilnehmer, die bei einer Behörde tätig sind, klagten darüber, dass regelmäßig an jedem Monatsende die Telefone heiß liefen: Die von der Behörde verschickten Bescheide waren für die Empfänger so verwirrend, dass fast jeder anrief und sich den Inhalt erklären lassen musste. Die Mitarbeiter der betreffenden Abteilung waren nicht nur völlig von dieser Anruferflut überfordert, sondern angesichts der ewig gleichen Fragen schlichtweg am Ende ihrer Geduld. Auch hatte eine gewisse Verbitterung Einzug gehalten, erkennbar an zynischen Kommentaren, dass die Leute einfach zu dumm seien, die Bescheide zu lesen. Durch diese Sicht der Dinge verstellten sich die Mitarbeiter den Blick auf das Naheliegende: Die Bescheide waren einfach zu verwirrend. Anstatt sich jeden Monat wieder zu überarbeiten, wenn der Tag des Bescheid-Verschickens vor der Tür steht, wäre es für alle Beteiligten viel sinnvoller, das Übel an der Wurzel zu packen und auszumerzen: also den Bescheid zu verbessern und eindeutiger zu machen. In diesem speziellen Fall war das nicht realistisch: Da die Bescheide behördenweit genutzt wurden, sahen die Mitarbeiter Schwierigkeiten, eine Verbesserung zeitnah durchzusetzen. Also wurde Plan B entworfen: den Bescheiden einen übersichtlichen Informationszettel beizulegen, der die häufigsten Fragen direkt beantwortete und wesentliche Aspekte des Bescheides erklärte.

Den Grund des Anrufs angeben oder erfragen

Wenn sich die Gesprächspartner nicht auf Anhieb erreichen, ist es sinnvoll, neben den Kontaktdaten auch den Grund des Anrufs anzugeben oder umgekehrt zu erfragen. Dies gilt sowohl für die Bitte um Rückruf als auch für das Weitervermitteln von Anrufen.

z.B.

Variante A: Ich habe auf Band die Bitte um Rückruf einer mir unbekannten Frau. Sie hinterlässt ihren Namen und die Telefonnummer.

Variante B: Die Anruferin nennt zusätzlich ihr Anliegen: Sie möchte ein Inhouse-Training buchen, ein konkretes Angebot haben, wissen, ob das Training in Berlin stattfinden kann und ob die von ihr angestrebten Termine möglich sind.

Ganz klar: Bei Variante B kann ich mich allein aufgrund der von ihr hinterlassenen Daten schon konkret um die Antworten kümmern. Ein Rückruf von mir wird für beide Seiten effizient verlaufen: Die Anruferin erhält alle gewünschten Angaben sofort. Habe ich nur die Variante A, rufe ich zurück, erfahre nun erst das genaue Anliegen und kann dann entweder direkt am Telefon die einzelnen Punkte klären (was für beide Seiten bedeutet, länger am Telefon zu bleiben, da ich beispielsweise die Termine parallel nachsehen muss) oder wir vereinbaren einen weiteren Rückruf oder eine schriftliche Antwort.

Tipp: Es gibt vertrauliche Themen, die man nicht im Detail jemand anderem anvertrauen möchte oder kann. In solchen Fällen genügt es, ein Stichwort zu hinterlassen. Das ist übrigens gleichzeitig ein Formulierungstipp: Wenn ein Anrufer von der Telefonzentrale gefragt wird „Worum geht es?“, kann es sein, dass er ausweicht oder das Gefühl hat, verhört zu werden, bevor er weiterverbunden wird. Fragt man jedoch „Sagen Sie mir bitte ein Stichwort, worum es geht“, wirkt das nicht nur sehr viel freundlicher, sondern führt zudem eher zum Erfolg.

Wenn nötig das Gespräch verschieben

Manchmal merkt man während des Gesprächs, dass einem oder beiden Gesprächspartnern wichtige Informationen fehlen. Sei es, dass man Unterlagen, die vorausgeschickt wurden, noch nicht erhalten oder noch nicht gelesen hat – oder weil spontan ein Thema aufkommt, das man ohne Details nicht effektiv besprechen kann. In solchen Fällen ist es besser festzulegen, wer welche Information einholt, und einen neuen Termin zu vereinbaren. Anstatt sich im Kreis zu drehen, alles noch einmal zu erklären oder während des Gesprächs immer wieder auf Informationslücken zu stoßen, die durch das Lesen von Unterlagen zu vermeiden wären.

Versichern Sie sich, dass Ihr Gesprächspartner folgen kann und möchte

Telefongespräche können auch deshalb unnötig lange werden, weil eine Seite einen Monolog hält und sich nicht rückversichert, dass das Gegenüber noch folgen kann – oder möchte. Ein häufiger Fehler liegt darin, dass zu viele Informationen auf einmal genannt werden: Man selbst kennt sich im eigenen Fachbereich und mit den internen Abläufen ja aus, der Gesprächspartner tut das nicht oder nur begrenzt. Wer nun zu viele Nachrichten auf einmal bringt, überfordert den anderen. Es gehen Informationen verloren, die später geklärt werden müssen – oder es kommt zu mehrmaligem Nachhaken.

Es kann auch passieren, dass Ihr Gegenüber nicht folgen möchte, da Inhalte angeschnitten werden, für die der Gesprächspartner nicht offen ist. Dies ist zum Beispiel der Fall, wenn der Anrufer ein ganz anderes Anliegen hat – oder aber durch etwas abgelenkt wird. Sie sollten generell darauf achten, dass sich zwischen Ihnen und Ihrem Gesprächspartner ein Dialog abspielt. Sprechen Sie langsam und deutlich, machen Sie Pausen – und versichern Sie sich durch Nach- oder Rückfragen, dass Ihr Gesprächspartner Ihnen folgt.

Höfliche Formulierungen, wenn Sie jemandem ins Wort fallen

Es ist ein großer Unterschied, ob Sie jemanden rüde unterbrechen oder jemandem ins Wort fallen, weil Sie merken, dass das Gespräch abschweift oder weil zu viele Informationen auf einmal kommen. Unhöflich ist eine Unterbrechung nur dann, wenn Sie sie auch unhöflich vorbringen. Wenn Sie das freundlich tun, nimmt es Ihnen niemand krumm. Erst recht nicht, da Sie für die Unterbrechung ja einen guten Grund haben. Und diesen sollten Sie natürlich gleich dazu sagen: „Entschuldigen Sie, dass ich Sie unterbreche – seien Sie so nett und sagen mir gleich die Rechnungsnummer, dann kann ich mir die Daten parallel im Computer aufrufen und Ihnen ganz konkret Auskunft geben." – „Verzeihung, dass ich Ihnen ins Wort falle – bei dieser Frage ist meine Kollegin, Frau X, die bessere Ansprechpartnerin."

! Wichtig ist, dass Sie immer auf den Gesprächspartner eingehen. Eine Unterbrechung, um einfach ein ganz neues Thema ins Spiel zu bringen, wäre tatsächlich unhöflich!

Tabu: Hörer weghalten & Co.

Immer wieder begegnet mir in Trainings der Satz „Da hilft dann nur den Hörer weghalten". Hand aufs Herz: Haben Sie auch schon einmal den Hörer weggehalten oder daneben gelegt, wenn Ihnen ein Anruf zu lang(weilig) wurde? Stellen Sie sich bitte die umgekehrte Situation vor: Sie haben ein Anliegen, rufen jemanden an – und derjenige hört ganz offensichtlich nicht zu. Kein gutes Gefühl, oder?

Bitte lügen Sie Ihre Gesprächspartner nicht an! Mein Chef in der Ausbildung hat mich so manches Mal während seiner Telefongespräche an der Tür klingeln, lautstark reinkommen und verkünden lassen: „Herr X, Besuch für Sie!", nur damit er das Gespräch beenden konnte. Derartiges Kasperletheater braucht es nicht. Außerdem ist es keine Art, andere Leute anzulügen. Wenn Sie ein Gespräch beenden müssen, weil Sie tatsächlich einen Termin haben, sagen Sie es. Ansonsten seien Sie aktiv und behalten Sie die Zügel in der Hand, dann behalten Sie auch die Kontrolle über die Zeit.

Eine andere Angewohnheit ist es, nebenbei in Aktivitäten auszubrechen, wenn einem ein Gespräch zu lange wird: andere Tätigkeiten erledigen wie die Post durchschauen, E-Mail schreiben, Bildchen malen oder mit den Händen trommeln. Auch wenn man Sie am Telefon nicht sehen kann: Gehen Sie immer respektvoll mit Ihrem Gesprächspartner um. Nicht nur, weil er Ihre Aufmerksamkeit und Konzentration verdient hat. Nur wer aufmerksam bei der Sache ist und auf den Anrufer und dessen Anliegen eingeht, kann effektiv vorgehen und gibt dem Gesprächspartner das Gefühl, gut betreut zu werden. Das ist sehr wichtig für Ihr Image.

Übrigens: Man bekommt am Telefon mehr mit, als Sie denken. Unruhe und Unkonzentriertheit übertragen sich sehr wohl und werden vom Gesprächspartner wahrgenommen.

Wichtig für effektives Telefonieren

- Bereiten Sie sich vor
- Gehen Sie strukturiert vor
- Konzentrieren Sie sich voll auf das Gespräch und auf Ihren Gesprächspartner („Dialog“)
- Seien Sie aktiv und bleiben Sie auf Kurs („wer fragt, führt“)

Anhang

Literaturtipps

Zeit- und Selbstmanagement

Bergmann, Ulrike: Start frei zur Kooperation. Wie Sie für Ihr Unternehmen den richtigen Partner finden. Financial Times Prentice Hall, München, 2002.

Covey, Stephen R.: Die sieben Wege zur Effektivität. Ein Konzept zur Meisterung Ihres beruflichen und privaten Lebens. Heyne Verlag, München, 2000.

Felser, Georg: Motivationstechniken. Cornelsen, Berlin, 2002.

Härter, Gitte: Ja, nein, vielleicht? – Entscheidungen leichter treffen. BW Bildung und Wissen Verlag, Nürnberg, 2004.

Herwig, Ute: Zeit managen. Der schnelle Weg zur Effektivität. GU Verlag, München, 2001.

Koch, Richard: Das 80/20 Prinzip. Mehr Erfolg mit weniger Aufwand. Campus Verlag, Frankfurt, 2004.

Northcote Parkinson, C.: Parkinsons neues Gesetz. Rowohlt Taschenbuch Verlag, Hamburg, 1984.

Pohl, Elke: Nie mehr Stress im Job. BW Bildung und Wissen Verlag, Nürnberg, 2002.

Schmidt, Josef und Wollner, Hilmar: Zeit-Souveränität. Josef Schmidt Verlag (WRS), Planegg, 1988.

Von Münchhausen, Marco: So zähmen Sie Ihren inneren Schweinehund. Piper Verlag, München, 2004.

Computer-Bücher

Allgemein empfehlenswert ist die „für Dummies-Serie“ vom MITP Verlag.

Netzwerken

Fey, Gudrun: Kontakte knüpfen und beruflich nutzen. Walhalla, Regensburg, 2002.

Öttl, Christine/Härter, Gitte: Networking. Hoffmann & Campe, Hamburg, 2004.

Scheddin, Monika: Erfolgsstrategie Networking. BW Bildung und Wissen Verlag, Nürnberg, 2. Auflage 2005.

Kundenakquise

Bannenberg, Thomas: Leitfaden für freie beratende, lehrende und therapeutische Berufe in Deutschland. a & o medianetwork, 2003.

Boress, Allan S.: Jetzt brauche ich Aufträge. Redline Wirtschaft, Frankfurt, 2002.

Härter, Gitte: Kundenakquise. Cornelsen Verlag, Berlin, 2004.

Stöger, Gabriele und Hans: Besser verkaufen mit Glaubwürdigkeit und Sympathie. Redline Wirtschaft, Frankfurt, 2002.

Webtipps

Das Internet ist ständig in Bewegung – deshalb können wir leider nicht garantieren, dass jede von uns empfohlene Seite auch aktuell bleibt. Sollten Sie eine Seite nicht finden, nutzen sie einfach eine der aufgeführten Suchmaschinen, um fündig zu werden.

Tipps zu Zeit- und Selbstmanagement

www.selbstmarketing.de
Website der Autorinnen mit vielen Tipps zu Business und Karriere

www.zeitzuleben.de
Online-Ratgeber zu Themen wie Selbstmanagement, Erfolg, Zufriedenheit

www.mwonline.de (Link „Ideenfabrik")
ManagementWissen online – unter anderem zahlreiche gute Tipps zu Organisation und Kommunikation

Checklisten & Co.

www.checkliste.de
Sammlung von Checklisten im Netz

www.formblitz.de
Formulare, Musterverträge, Checklisten

Informationen zur Arbeitsplatzgestaltung

www.buero-forum.de
Umfassende Informationen, auch zu Richtlinien und Gesetzen

Schreib- und Gestaltungsregeln für die Textverarbeitung

Es gibt diverse Seiten, die die DIN 5008 in Auszügen bringen. Am besten gehen Sie über eine Suchmaschine (etwa *www.google.de*). Ansonsten gibt es im Buchhandel die komplette DIN 5008 als Broschüre.

Computer-Hilfe und PC-Tipps

www.pc-erfahrung.de
Informative Seite zu allen Bereichen rund um den PC mit Tipps, Forum und einem Lexikon mit Computerbegriffen

www.supportnet.de
Umfangreiche Supportseite – mit Tipps und Lösungen zu Hard- und Softwarefragen und mit stark frequentiertem Forum

www.mypage.bluewin.ch/reprobst/WordFAQ/Inhalt.htm
Häufige Fragen zu MS Word

www.excel-center.de
Umfassende Excel-Seite: FAQ, Downloads und Foren

www.wer-weiss-was.de
Kostenfreier Expertensuchdienst inklusive Forum und vielen FAQs, unter anderem zu Hard- und Softwarefragen

Informationen über Computer-Viren

www.tu-berlin.de/www/software/virus/aktuell.shtml
Aktuelle Virenmeldungen

www.tu-berlin.de/www/software/hoax.shtml
Hilfreiche Seite der TU Berlin für so genannte Hoaxes (Falschmeldungen über Viren)

Anbieter von Antiviren-Software finden Sie in jeder Suchmaschine mit dem Stichwort „Antiviren-Software".

Meinungs-/Verbraucherforen

www.ciao.com
www.dooyoo.de

Über die Autorinnen

Christine Öttl und Gitte Härter waren fast ein Jahrzehnt im Management eines internationalen Medienkonzerns tätig. Seit 1999 sind sie gemeinsam selbstständig mit dem Coaching- und Trainingsunternehmen objektiv. in München.

Wir coachen und trainieren. Schwerpunkte sind:

- Selbstmanagement und Organisation
- Unternehmensauftritt und Akquise
- Kommunikation
- Bewerbung und Karriere

Auf unserer Website *www.selbstmarketing.de* bieten wir Ihnen außerdem zahlreiche Online-Tipps (Artikel, Kurztipps, Buch- und Link-Empfehlungen). Schauen Sie vorbei!

Außerdem schreiben wir Bücher:
Unter anderem: ■ Ja, nein, vielleicht – Entscheidungen leichter treffen, BW Verlag Bildung und Wissen ■ Networking, Hoffmann & Campe ■ Unschlagbar durch gutes Teamwork, BW Verlag Bildung und Wissen ■ Kundenakquise, Cornelsen Verlag ■ Schlagfertig, GU Verlag

Nehmen Sie Kontakt zu uns auf:

objektiv.
Coaching und Training für Business & Karriere
Christine Öttl/Gitte Härter
St.-Cajetan-Straße 10
81669 München
Tel. (0 89) 40 90 69 61
E-Mail: objektiv@selbstmarketing.de
Internet: www.selbstmarketing.de